Judy Hall

Selbstschutz durch Geisteskraft

W0403258

Aquamarin Verlag

Englische Originalausgabe:
The Art of Psychic Protection
© Findhorn Press, Forres, Schottland
© Judy Hall

Deutsche Übersetzung:
Martin Rometsch

Titelbild:
Judith Page

© Aquamarin Verlag
Voglherd 1 • D-85567 Grafing

Satz: Aquamarin Verlag • Grafing
Druck und Bindung: Ebner Ulm

ISBN 3-89427-089-6

Inhalt

Danksagungen ... 7
Einführung: Warum brauchen wir geistigen Schutz? ... 9
Die Aura - ein natürlicher Schutz ... 15
Ebenen des Seins ... 21
Die Chakras ... 28
Das höhere Selbst ... 34
Die Macht der Gedanken ... 38
Gleiches zieht Gleiches an ... 43
Gedankenformen ... 45
Psychische Angriffe ... 53
Meditation ... 62
Die Reinigung des Unterbewußtseins ... 67
Die Begegnung mit dem Saboteur ... 70
Channelling ... 72
Besessenheit ... 76
Außerkörperliche Erfahrungen ... 77
Der Schutzraum ... 83
Reinigungsmethoden ... 86
Abschirmung gegen andere ... 88
Geistiger Schutz von Kindern ... 92
So stärken Sie die Aura eines anderen ... 95
Bindungen lösen ... 97
Der Schutz von Gruppen ... 105
Geopathische Störfelder ... 111
Das Reinigen von Kettenbriefen ... 113

Talismane 116
Blüten- und Edelsteinessenzen 120
Schützende Blütenessenzen 123
Schützende Kristalle 126
Aromatherapie 128
Soforthilfe 130
Empfehlungen, die Sie beherzigen sollten 133
Visualisationen 134
Grundübung zum Entspannen 136
Nützliche Anschriften 141

Danksagungen

Ich bin der verstorbenen Christine Hartley zu großem Dank verpflichtet - sie war viel mehr als eine Lehrerin für mich. Am Abend ihres Lebens, als sie ihre Arbeit schon längst für beendet hielt, nahm sie noch eine Novizin an und machte aus ihr ... wie soll ich es nennen? Eine geschulte Seherin, Heilerin, Rückführungstherapeutin, die den esoterischen Weg geht? Das alles trifft zu; aber Christine half mir, aus dem Ganzen mehr als die Summe seiner Teile zu machen. Was ich geworden bin, verdanke ich vor allem ihrer liebevollen Freundschaft und ihrer unermüdlichen Sorge um mein Wohl.

Ich möchte auch Thelma Reardon danken, die mir vieles beigebracht hat und die zweifellos manche ihrer Methoden wiedererkennen wird.

Dankbarkeit schulde ich auch jenen drei Menschen, von denen ich fast mein ganzes Wissen über geistige Angriffe erworben habe und die mir die Möglichkeit gaben, es in großem Maßstab in die Tat umzusetzen. Um nichts in der Welt möchte ich auf diese Erfahrung verzichten! Ihre Namen brauche ich nicht zu nennen - sie wissen, wen ich meine.

Mein Dank gilt allen, von denen ich bewußt oder unbewußt gelernt habe, besonders Dave Gilbert, und all jenen, die dieses Buch möglich gemacht haben.

Schließlich versichere ich meinem Partner Robert Jacobs, der geduldig das Manuskript las, hilfreiche Anregungen gab, seine Weisheit mit mir teilte und mich mit nach Ägypten nahm, meine Liebe und Dankbarkeit.

Warnung

Man hat mich darauf aufmerksam gemacht, daß einige Leute versuchen könnten, die hier vorgestellten Methoden und Informationen für psychische Angriffe zu mißbrauchen. Ich kann nicht eindringlich genug darauf hinweisen, wie unklug das wäre - denn jeder derartige Versuch würde unweigerlich auf den Übeltäter zurückfallen. Bitte, nutzen Sie diese Buch nur, um sich zu schützen.

Judy Hall

Einführung

Warum brauchen wir geistigen Schutz?

Der Mensch will sich gegen alles schützen. Wir tragen Kleider und bauen Häuser, um vor den Elementen sicher zu sein. Wir schützen uns vor anderen. Wir verschließen unsere Türen und errichten Mauern. Wir bringen unser Geld zur Bank und vertrauen unsere Zukunft der Rentenkasse an. Wir geben Millionen für Waffen aus, die uns vor »dem Feind«, dem anderen, schützen sollen. Wir können uns gegen fast alles versichern. Dennoch ist nur wenigen Menschen klar, daß es viel subtilere Gefahren gibt, gegen die Riegel und Gitter machtlos sind und für die Wachsamkeit die einzige Versicherung ist. Oft sind wir selbst unser größter Feind.

- Meditieren Sie, wollen Sie Ihr Bewußtsein erweitern, befassen Sie sich mit Schamanismus, oder nehmen Sie Drogen?
- Sind Sie Therapeut oder Heiler?
- Verwenden Sie Selbsthypnose- oder Visualisierungscassetten?
- Kommen die Leute mit ihren Sorgen zu Ihren?
- Sind Sie ständig müde, lustlos, ohne Hoffnung, zu emotional, oder haben Sie das Gefühl, etwas falsch zu machen oder unter fremdem Einfluß zu stehen?
- Leiden Sie an Alpträumen?
- Neigen Sie zu Unfällen, oder geht in Ihrem Leben alles schief?
- Hat jemand Sie schon einmal - bewußt oder unbewußt - psychisch angegriffen?

Wenn ja, brauchen Sie wahrscheinlich geistigen Schutz.

Der Audruck »geistig« bezieht sich hier auf den unsichtbaren, verborgenen, esoterischen Teil des Seins jenseits der rein physischen Ebene. Das ist der Bereich der wortlosen Kommunikation, der Telepathie, der subtilen Energiekörper, anderer Dimensionen des Bewußtseins und verschiedener Existenzebenen. Geistiger Schutz umfaßt also nicht nur das Bewußtsein und unsere bewußten Überzeugungen, sondern auch das Unbewußte und die damit verbundenen irrationalen Einstellungen.

Geistiger Schutz ist subtil und unsichtbar. Er wirkt auf einer nicht-physischen Ebene des Seins, obwohl er untrennbar mit dem Körper verbunden ist. Er steht im Einklang mit dem Grundsatz »Gleiches zieht Gleiches an«. Er lehrt uns die wahre Macht des Denkens. Er umgibt uns mit einer Schutzschicht, unter der wir unsere spirituelle Wahrnehmung gefahrlos erweitern oder unseren alltäglichen Verrichtungen nachgehen können. Auf der untersten Ebene kann geistiger Schutz ein Lichtreif sein, der die Füße umringt und den Sie bei Bedarf »nach oben ziehen«. Er kann eine Blase sein, in der Sie wohnen, ein Kristall, der Sie einhüllt. Sie müssen allerdings herausfinden, welche Methode für Sie und die Situationen, in die Sie geraten, die richtige ist. Da der geistige Schutz auf einer unsichtbaren, feinstofflichen Ebene wirkt, können wir ihn mit Hilfe der subtilen Energiefelder der Blütenessenzen und Kristalle verstärken. Darum gehe ich, wann immer es angebracht ist, auch auf geeignete Essenzen ein. Außerdem befaßt sich ein Kapitel speziell mit ihrer Anwendung. Vor allem aber hilft Ihnen der geistige Schutz, mit beiden Beinen fest auf dem Boden zu stehen. Wenn Sie die Erde nur mit den Zehenspitzen berühren, sind Sie niemals wirklich sicher.

Die Bewußtseinsexplosion der letzten Jahre zeigt gewaltige Auswirkungen. Esoterisches Wissen, das einst »für die Ewigkeit« bewahrt und nur sorgfältig ausgewählten und vorbereiteten Initiierten offenbart wurde, steht heute allen zur Verfügung, die das Geld haben, um Bücher zu kaufen oder an Seminaren teilzunehmen. Esoterische Methoden werden feilgeboten, Mysterien verscherbelt. Talismane werden verkauft, die Glück bringen oder Unglück abwehren sollen. Im Internet finden Sie sogar ein Abwehrritual für den Fall, daß Elvis Presley Sie heimsucht. Das Okkulte zieht das Unheimliche und Bizarre magisch an - und darum stößt es viele Menschen ab. Doch wenn Sie meditieren, benutzen Sie ebenfalls eine okkulte Technik, und wenn Sie im Geiste nach einem Taxi rufen, praktizieren Sie eine Beschwörung, also ebenfalls eine okkulte Methode. »Okkult« bedeutet nichts weiter als »verborgen«. Magie ist die Manipulation unsichtbarer Kräfte, um Ereignisse, Dinge oder Menschen zu beeinflussen. Wissen dieser Art wird heute rasend schnell veröffentlicht.

Gewiß, es ist leicht, sich mit Phänomenen einzulassen, die man im Grunde nicht versteht und nicht beherrscht, und es ist leicht, von Leuten oder Orten negative Energie aufzunehmen, weil man zu offen ist. Bewußtseinserweiterung führt uns auf unbekannte Ebenen, auf Ebenen, die uns mehr zu bieten haben, als wir bei unserem »Handel« erwartet haben.

Sie öffnet zudem die Chakras, die subtilen Energiezentren des Körpers, und wenn wir vergessen, sie wieder zu schließen, bleiben wir weit offen. Dann sind wir ein Leuchtturm, der alles und jeden anlockt, ein Staubsauger, der alles schluckt, was uns umgibt. Leider kann es auch vorkommen - hin und wieder werde ich daran unangenehm erinnert -, daß wir jemanden verärgern, der über große Energie verfügt und seine Kräfte dann bewußt oder unbewußt gegen uns richtet. Die Öffnung des Bewußtseins macht uns sensibler und für »negative Schwingungen« anfälliger. Nur wenige einführende Bücher und Kurse über Meditation, Bewußtseinserweiterung oder ergänzende Therapien kümmern sich um den notwendigen geistigen Schutz.

- Wenn Sie müde, nervös, »nicht ganz auf der Höhe« oder ohne ersichtlichen Grund niedergeschlagen sind;
- wenn Sie das Gefühl haben, daß »Wesen« in Ihrer Umgebung Ihnen schaden wollen;
- wenn alles schiefgeht, was Sie anfassen, wenn kleine Mißgeschicke sich häufen oder »etwas« immer wieder Ihre Pläne durchkreuzt;
- wenn Sie sich machtlos, haltlos oder belästigt fühlen;

dann haben Sie manches gemeinsam mit den vielen Leuten, die mich um Hilfe bitten. Sie alle haben gelernt, sich zu öffnen, nicht aber, sich wieder zu schließen. Sie geben ihren Klienten und Patienten zuviel und haben zu wenig Zeit für sich selbst. Sie leiden an Energiemangel oder unter geopathischem Streß. Manchmal waren sie so unglücklich oder kühn, sich den Groll oder Neid eines anderen zuzuziehen. Sie werden psychisch angegriffen. Selbst wenn wir über Schutzmaßnahmen und die Notwendigkeit, unsere Energie zu läutern, Bescheid wissen, vergessen wir oft, uns abzuschirmen. Ein Heiler drückte es so aus: »Ich muß daran denken, mich mit jedem Atemzug zu reinigen und zu schützen.« Wir müssen uns auch darüber im klaren sein, daß auch wir jemanden absichtlich oder unabsichtlich auf übersinnliche Weise angreifen können. Jemand hat uns geärgert. Wir streiten. Wir trennen uns und denken immer noch an die Auseinandersetzung. Wir schimpfen, wir tadeln, wir sind wütend, wir fluchen. Vielleicht denken wir: »Wenn er/sie doch nur tot wäre/bestraft würde.« Unsere Gedanken erreichen diesen Menschen; denn Gedanken sind Energie, und sie haben Wirkungen. Das wurde mir vor vielen Jahren deutlich bewußt. Damals verstand ich noch nicht, welche Macht der Geist besitzt. Ich unterzog mich einer Therapie, und meine Tochter war schwierig, wie alle Teenager es von Zeit zu Zeit sind.

Mein Therapeut riet mir, eine Technik der Gestalt-Therapie zu verwenden, um auszudrücken, wie zornig ich war. Also setzte ich mich auf einen Stuhl und stellte mir meine Tochter vor. Ich schimpfte und tobte; ich erzählte ihr, wie gedankenlos und egoistisch sie sei. Wie sehnte ich mich danach, sie zu schütteln, bis ihr die Zähne klapperten! Ich verströmte eine Menge geistiger Energie. Und als ich nach Hause ging, lag meine Tochter mit Migräne im Bett. Als Heilerin hätte ich eigentlich wissen müssen, daß alles, was heilen kann, auch zerstören kann. Meine Wut hatte sie erreicht, und sie konnte sich nicht dagegen wehren.

Vorbeugen ist besser als heilen. Warten Sie also nicht, bis Sie geistigen Schutz benötigen; dann ist es nämlich zu spät. Alle, die ihren Geist öffnen, sollten einfache Techniken verwenden, um sich sofort abzuschirmen. Komplizierte Riten sind nicht zu empfehlen. Wenn Sie täglich üben, bevor es eine Notwendigkeit gibt, sind Sie gewappnet, falls Schwierigkeiten auftreten. Vielleicht müssen Sie auch den Raum schützen, in dem Sie meditieren. Alle in diesem Buch beschriebenen Methoden sind erprobt; manche sind Tausende von Jahren alt, andere gehören ins 21. Jahrhundert. Alle sind leicht erlernbar und gehen schnell in Fleisch und Blut über.

Natürlich weiß ich, daß es noch andere Schutztechniken gibt; aber ich habe mich dafür entschieden, über diejenigen zu schreiben, mit denen ich in den letzten zwanzig Jahren selbst gearbeitet habe. Ich weiß, daß diese Methoden wirksam sind. Das Ziel besteht darin, unerwünschte Belästigungen und Angriffe abzuwehren und unsere eigene schützende Energie zu reinigen und zu stärken. Mitunter müssen wir uns einem anderen Menschen öffnen und fühlen, was er fühlt - vielleicht sogar, um negative Energie abzuschöpfen. Doch das muß eine bewußte, wohlüberlegte Entscheidung sein. Und wenn wir körperlich und geistig gesund bleiben wollen, müssen wir wissen, wie wir uns hinterher reinigen können.

Viele der hier beschriebenen Methoden nutzen die Visualisierung, die Macht des Geistes, Bilder zu erschaffen, die dann auf den feinstofflichen Seinsebenen in die Tat umgesetzt werden. Wenn Sie anfangs nichts »sehen«, tun Sie so, »als ob« - das heißt, machen Sie die Übungen, als ob Sie etwas sähen. Sie wirken auf den inneren Ebenen, und aus der Absicht wird Aktion. Die innere Erfahrung wird Teil Ihres Seins.

Das Visualisieren läßt sich zwar durch Übung verbessern - und Sie können es fördern, wenn Sie nach oben zu dem Punkt über und zwischen den Augenbrauen blicken -; aber einige Menschen sind visuell nicht begabt und »sehen« nie etwas. Wenn Sie zu ihnen gehören, verzweifeln Sie nicht. Sie haben andere Fähigkeiten, die das Manko ausgleichen: Sie fühlen, Sie hören eine innere Stimme, Sie wissen einfach. Sobald Sie gelernt haben, diesem Prozeß zu vertrauen, können Sie die Techniken entsprechend abändern (am Ende jedes Kapitels gebe ich Ihnen Tips). Selbst wenn Sie Bilder sehen, sollten Sie auch fühlen und empfinden; dadurch können Sie Ihr Erlebnis intensivieren und seine Wirkung steigern.

Dieses Buch ist in Kapitel unterteilt, um das Nachschlagen zu erleichtern. Manchmal lassen sich Wiederholungen nicht vermeiden. Das ist beabsichtigt; denn die Kapitel sollen möglichst in sich abgeschlossen sein. Es kann dennoch sein, daß Sie Einzelheiten über die beschriebene Technik auf einer anderen Seite finden. Mit Hilfe eines Registers der Visualisationen können Sie die benötigte Übung rasch finden.

Manche Ausführungen und Techniken mögen Ihnen naheliegend, andere seltsam, einige völlig falsch vorkommen. Das kann an der Sprache liegen, die ich verwende: Vielleicht erklärt sie die Dinge anders, als Sie es gewohnt sind. Es kann auch sein, daß Sie nie zuvor etwas Derartiges erlebt haben. Ich bin mir dessen bewußt, daß ich vieles als selbstverständlich voraussetze, was bei anderen Erstaunen auslöst. Darum verwerte ich in diesem Buch meine Erfahrung, nicht bloße Theorien. Ich begegne diesen Phänomenen seit vielen Jahren immer wieder, und ich weiß, daß sie existieren. Ich habe nicht die Absicht, Ihnen Angst einzujagen; denn Angst zerstört den Schutzschirm. Ich halte es jedoch für gut, wenn Sie vorgewarnt sind. Vielleicht haben Sie Glück und sind nie einem übersinnlichen Angriff ausgesetzt. Vielleicht erleben Sie niemals eine unwillkürliche außerkörperliche Erfahrung, die Sie an einen gefährlichen Ort versetzt. Und möglicherweise brauchen Sie sich nie mit einem unerwünschten Geistwesen auseinanderzusetzen, das durch Sie Botschaften übermitteln möchte. Wenn es aber doch geschehen sollte, werden Sie nach der Lektüre diese Buches wissen, was Sie zu tun haben. Wenn Sie also nicht alles sofort akzeptieren können oder wenn Sie manches für unglaubwürdig halten, schlage ich vor, es in einen geistigen Schrank zu legen, gelegentlich abzustauben und erneut zu überdenken. Ich rate Ihnen davon ab, eine Technik anzuwenden, die Ihnen falsch vorkommt, oder etwas zu glauben, was Ihnen mißfällt. Das ist überhaupt kein Schutz.

Wenn Sie dieses Buch durcharbeiten, lernen Sie viele Methoden kennen, mit denen Sie sich selbst, Ihre Umwelt und Ihre Mitmenschen schützen können. Doch bevor Sie das tun, sollten Sie mehr über die Aura und die verschiedenen Ebenen des Seins lernen.

Die Aura - ein natürlicher Schutz

Menschen sind nicht nur physische, von einer Haut umhüllte Körper. Wir besitzen feinstoffliche Energiekörper, die über die Grenzen des materiellen Körpers hinausreichen und mit allen Menschen und Dingen in Wechselbeziehung stehen. Unsere Gedanken und Gefühle erreichen andere, so wie deren Emotionen über uns hereinschwappen. Sensitive Menschen können den körperlichen oder emotionalen Zustand anderer wahrnehmen. Hatten Sie schon einmal Kopfweh, und jemand, der neben Ihnen saß, klagte ebenfalls über Kopfschmerzen? Manchmal nehmen wir Schmerzen mit, ohne zu wissen, daß es nicht unsere sind. Nach ein paar heftigen Worten fühlen wir uns ausgelaugt und erschöpft. Einige arme Seelen sind »übersinnliche Blutsauger« - Vampire gibt es also nicht nur in Gruselgeschichten! Vielleicht fühlen wir uns müde, wenn wir einen bestimmten Menschen getroffen haben, oder munter, wenn wir einem anderen begegnet sind. Dieses Gefühl hat nichts mit dem Gespräch zu tun, das wir geführt haben, sondern mit den Energien, die andere ausstrahlen und auf die wir reagieren.

Körperliche Nähe ist nicht notwendig, damit unsere Energien sich gegenseitig beeinflussen. Wir können mit anderen über weite Entfernungen kommunizieren, indem wir einfach an sie denken. Wie oft haben Sie sich schon gefragt, wie es dem Soundso geht - und wenige Minuten später rief er Sie an? Die Ursache dieser Phänomene sind die feinstofflichen Energiekörper, aus denen unsere Aura besteht. Wenn die Aura stark ist, sind wir geschützt. Schocks und Traumata können jedoch »Löcher« oder Schwächen im Aura-Feld hervorrufen, ebenso psychische Angriffe und geopathischer Streß (z. B. elektromagnetische Strahlung). Jede Schwächung macht uns anfälliger für negative Einflüsse und übersinnliche Attacken.

Manche Menschen können die Aura sehen, die uns umgibt. Sie ist ein vielschichtiges Energiefeld, das in Farben pulsiert, die unserer Stimmung und Gesundheit entsprechen. Wie Aura-Fotografien zeigen, ist die Aura jedes Menschen einzigartig. Bei manchen Menschen kann sie sich einen halben oder ganzen Meter ausdehnen, bei anderen liegt sie vielleicht eng und fest am Körper. Zorniges Rot und Magenta kann ebenso vorherrschen wie helles Blau oder Rosa - im ersteren Fall handelt es sich um hitzige Menschen mit starkem Willen, im letzteren um passive und ruhige Personen, denen es möglicherweise an Vitalität mangelt. Während der Meditation dehnt die Aura sich aus und wird golden. Sensitive können meist an der Farbe unserer Aura erkennen, wie wir uns fühlen. Begabte Seher sind imstande, aus der Aura unsere gesamte emotionale Entwicklung herauszulesen. Für viele ist sie eine Art Autobiographie, in der alle Einzelheiten unseres Lebens verzeichnet sind.

Für die meisten Menschen bleibt die Aura dagegen ein unsichtbares Rätsel; und dennoch ist sie das Bindeglied zu anderen. Es kann sein, daß wir unbewußt Auren »lesen«, um zu erfahren, was andere denken oder fühlen. Vor allem Kinder stimmen sich auf die Aura ein und stellen sie sogar dar, wenn sie Angehörige oder Freunde zeichnen. Ich besitze ein wundervolles Porträt, das meine damals drei Jahre alte Enkelin gemalt hat. Ich stehe auf den Zehenspitzen, und Kopf und Schultern sind von einem riesigen gelben Ballon umgeben. Damals arbeitete ich an einem Buch. Gelb ist die Farbe der geistigen Aktivität. Und was das Stehen auf den Zehenspitzen angeht - nun ja, selbst an guten Tagen muß ich mich bemühen, mit den Füßen auf dem Boden zu bleiben. Wenn ich schreibe, strebe ich bewußt nach oben, nach Inspiration, und mein Kontakt mit der Erde wird noch schwächer. Die Kleine hat meinen Zustand genau beschrieben. Als sie ihre Mutter zeichnete, war an deren Solarplexus ein schwarzer Ballon zu sehen. Das war einige Zeit bevor die Erwachsenen merkten, daß ihre Mutter an einer schweren Depression litt. Das Kind hatte es gesehen.

Diejenigen, die Auren sehen können, beschreiben unsere Wechselbeziehungen mit anderen so: »Die Farben vermischen sich«, »Die Energien gehen ineinander über«, »Fangarme greifen hinaus« oder »Ein Siphon saugt Energie von einem Menschen in den anderen«. Beim Heilen vermischt sich die Energie des Heilers mit der des Patienten. Bei Liebenden, vor allem während des Orgasmus, werden die beiden Auren vorübergehend eins. Wenn die Wechselwirkung beendet ist, nehmen wir möglicherweise ein Teilchen des fremden Energiefeldes mit, und falls wir uns dieser Energievermischung nicht bewußt sind, wissen wir nicht, daß wir hinterher unsere Energie zurückziehen und unsere Grenzen festigen müssen.

Wir können uns also gegen unerwünschtes Eindringen oder heimtükkisches Abzapfen von Energie wehren, wenn wir uns der Aura bewußt sind und sie kräftigen. Eine einfache Visualisierung zweimal am Tag stärkt die Schutzwirkung der Aura erheblich. Machen Sie sich diese Übung zur Gewohnheit, und verwenden Sie sie, wann immer Sie zusätzlichen Schutz benötigen. Denken Sie einfach »Lichtblase«. Sie können auch die feinstoffliche Heilkraft von Blütenessenzen nutzen, um die Aura zu reinigen und zu stärken. Die Bush-Blüten-Essenz Fringed Violet (gefranstes Veilchen) ist besonders gut geeignet, um Schwächen zu beheben. Jedem, der unter den Energiewellen anderer leidet - vor allem Therapeuten, Heiler usw., die es ständig mit subtilen Energien zu tun haben -, wird die Gem Auric Protection Remedy gute Dienste leisten (andere Heilmittel finden sie im Abschnitt über Blüten- und Edelsteinessenzen).[1]

Nutzen Sie Ihre Phantasie

Die Macht der Phantasie ist enorm. Wir können alles hervorbringen, was wir uns vorstellen können. Alle Visualisierungsübungen in diesem Buch benutzen den »inneren Bildschirm« zwischen und ein wenig über den Augenbrauen, also das Chakra des »Dritten Auges«. Wenn Ihnen das Visualisieren schwer fällt, ist es hilfreich, diesen Punkt zu betrachten, ohne die Augen zu öffnen. Die Bush-Blütenessenz Boronia weist die gleiche Schwingungsfrequenz auf wie die Aura und kann Ihnen helfen, innere Bilder zu formen, den Geist zu beruhigen und ihn auf die Meditation vorzubereiten. Das gleiche gilt für die Bush Iris, die die höhere Wahrnehmung fördert. Wenn zu viele Gedanken Sie stören, kann die Bach-Blütenessenz White Chestnut (Roßkastanie) das geistige Geplapper eindämmen. Black Eyed Susan hilft Ihnen, sich zu entspannen, sich nach innen zu wenden und Ihr ruhiges Zentrum zu finden. Nehmen Sie einige Tropfen von diesen Essenzen, in Wasser aufgelöst, bevor sie mit den Übungen beginnen.

Manche Menschen »sehen« allerdings nie etwas während dieser Übungen. Sie werden andere Möglichkeiten finden. Versuchen Sie nicht, Bilder zu erzwingen. Da wir die Macht des Gedankens nutzen wollen, kann es hilfreich sein, »so zu tun, als ob« - das heißt, Sie führen die Übungen durch, als ob Sie etwas auf dem inneren Bildschirm sähen, selbst wenn dies nicht der Fall ist. Mit der Zeit werden Sie vielleicht nicht das Bild, wohl aber das Gefühl heranbilden. Einerlei, ob Sie Bilder sehen oder nicht - wichtig ist das Gefühl, daß etwas geschieht. Wenn Sie spüren,

---

[1] Vgl. auch Harvey/Cochrane *Die Enzyklopädie der Blütenessenzen,* Aquamarin Verlag, Grafing 1996

daß die Übung wirkt, dann wissen Sie, daß Sie geschützt sind. Sie können alle hier beschriebenen Übungen auswendig lernen oder auf Tonband aufnehmen. Geben Sie sich aber genügend Zeit, damit Sie die Anweisungen befolgen können, ohne zu hetzen. Lassen Sie, wenn Sie wollen, im Hintergrund Ihre Lieblingsmusik spielen.

Wenn es Ihnen schwer fällt, sich zu entspannen, heben und senken Sie die Augenlider zehnmal. Beim zehnten Mal bleiben sie geschlossen. Dann lassen Sie die Entspannung von den Augenlidern zu den Füßen hinabfließen. Oder stellen Sie sich vor, Sie befänden sich in einem Aufzug, der Sie hinab zu immer tieferen Ebenen der Entspannung bringt. Wenn Sie etwas Übung erlangt haben, brauchen Sie nur noch in den Lift zu gehen und »Erdgeschoß« zu sagen, um in einen Zustand tiefer Entspannung zu geraten.

Die Lichthülle

Schließen Sie die Augen, und atmen Sie sanft. Entspannen Sie sich, werden Sie weich, atmen Sie jede Spannung aus, die Sie spüren, und atmen Sie Frieden und Entspannung ein. Nehmen Sie sich so viel Zeit, wie sie benötigen, um bequem zu sitzen und die Aufmerksamkeit allmählich von der äußeren Welt abzuwenden und nach innen zu richten.

Blicken Sie hinauf zu Ihrem inneren Bildschirm. Projizieren Sie darauf einen Ort, an dem Sie sich glücklich und sicher fühlen - eine grüne Lichtung, einen Strand, eine Kirche, einen Garten, einen Platz aus Ihrer Kindheit, einen realen oder imaginären Ort. Denken Sie an diesen Ort, und er wird auf dem Bildschirm erscheinen. Genießen Sie ihn einige Minuten lang; erinnern Sie sich daran, wie wohl Sie sich dort fühlen. Gehen Sie hin, spüren Sie den Boden unter den Füßen. Riechen Sie diesen Ort, seinen einzigartigen Duft. Spüren Sie seine Wärme auf der Haut.

Allmählich merken Sie, daß ein heller Lichtstrahl vor Ihnen auf die Erde fällt. Das Licht pulsiert vor Energie und strahlt in verschiedenen Farben. Vielleicht aber benötigen Sie eine bestimmte Farbe oder das Weiß, das alle anderen Farben enthält.

Gehen Sie in dieses Licht, und nehmen Sie es in sich auf. Atmen Sie es ein, nehmen Sie es durch die Haut auf, und lassen Sie es in die Aura dringen. Füllen Sie die Aura mit Licht und Vitalität. Nach einer Weile wird Ihnen bewußt, daß Ihre Aura Sie dynamisch und bunt einhüllt. Sie sehen die verschiedenen Farbschichten um Ihren Körper fließen. Prüfen Sie die Vitalität der Aura. Wenn Sie mehr davon benötigen, atmen Sie einfach mehr Licht ein. Ist die Aura zu stark, verringern Sie die Energie auf ein erträgliches Maß.

Achten Sie darauf, wie weit die Aura reicht. Spüren Sie die Grenzen. Sie können die Grenzen der Aura mit den physischen Händen oder mit dem Geist abtasten. Sie werden sehen, daß sie in etwa eiförmig ist. Sie erstreckt sich über den Kopf hinaus und reicht bis unter die Füße. Untersuchen Sie, ob sie Lücken oder Schwachpunkte aufweist. Sie können mit der Aura experimentieren. Ziehen Sie sie näher heran, und erlauben Sie ihr, sich wieder auszudehnen, bis sie einen angemessenen Abstand vom physischen Körper hat. Sie fühlen sich sicher, wenn Sie die Grenzen Ihrer Aura kennen. Daher sollten Sie so viel Zeit wie nötig damit verbringen, mit ihr vertraut zu werden.

Wenn Sie glauben, zusätzlichen Schutz zu benötigen, können Sie die Grenzen der Aura »kristallisieren« und dadurch stark und hart machen, ohne daß sie undurchsichtig wird. Dann sind Sie in einen eiförmigen Lichtkristall eingehüllt.

Verlassen Sie die Lichtsäule, sobald Sie dazu bereit sind. Prüfen Sie, ob die Aura immer noch leuchtet, immer noch von Licht erfüllt ist. Sie sollte Sie vollständig umgeben und einen undurchdringlichen Schutzschild bilden. Sie ist ein schützender Mantel, der nur einläßt, was Sie einlassen wollen. Nichts kann ihm seine Energie und Vitalität rauben. Sie sind geschützt.

Wenn Sie bereit sind, kehren Sie sanft ins Zimmer zurück. Seien Sie sich Ihres Körpers und Ihrer Füße auf dem Boden bewußt. Atmen Sie ein wenig tiefer. Bewegen Sie die Hände und Füße. Stehen Sie auf, und strecken Sie sich. Von nun an leben Sie in einer Hülle aus Licht.

Wenn Ihnen das Visualisieren schwer fällt: Erspüren Sie Ihre Aura körperlich, mit den Händen. Sobald Sie etwas Übung haben, empfinden Sie ein warmes Kribbeln an den Grenzen der Aura. Risse oder Schwachstellen spüren Sie als kalte Stellen. Schieben Sie die Aura mit den Händen hinaus, und ziehen Sie sie wieder zurück, bis Sie den angenehmsten Abstand gefunden haben. Wenn Sie wissen, wie weit Ihre Aura reicht, spüren Sie das weiße Licht, das Sie umgibt, und Sie fühlen seine Wärme und Helligkeit. Dann fahren Sie mit der Übung fort.

Der Schutzmantel

Wenn Sie tief entspannt sind, sehen Sie mit dem geistigen Auge, wie Sie in eine Säule aus Licht gehen (sie hat die Farbe, die Ihnen gefällt). Wikkeln Sie dieses Licht um Ihre Aura, so daß sie einen schützenden Mantel bildet, der den Kopf bedeckt und die Füße einhüllt. Wenn Sie diesen Mantel tragen, kann nichts Fremdes in Sie eindringen. Sie können sich in den Mantel hüllen, um vollständig geschützt zu sein, oder Sie können ihn öffnen, wenn Sie wollen, daß Ihre spirituelle Energie mit einem anderen Menschen Kontakt aufnimmt. Nach einer Meditation und nach jeder anderen spirituellen Öffnung sollten Sie daran denken, den Mantel fest zu schließen.

Wenn Ihnen das Visualisieren schwer fällt oder Sie sich während einer Meditation oder einer anderen spirituellen Arbeit zusätzlich schützen möchten, können Sie einen geeigneten materiellen Mantel tragen.

Die erdende Schnur

Stellen Sie sich eine Schnur vor, die von Ihren Füßen bis tief in die Erde reicht. Sie sorgt dafür, daß Sie inkarniert bleiben. Sie ist dehnbar, so daß Sie sich bewegen können; aber sie ist in der Mitte der Erde festgemacht und verankert Ihren physischen Körper mit der Realität des Alltags. Durch diese Kordel sind Sie immer mit der Erde verbunden und stehen auf festem Boden.

Ebenen des Seins

Die Aura hat eine materielle, emotionale, mentale und spirituelle oder kausale Komponente. Sie besteht aus Schichten, die in verschiedenen Frequenzen schwingen. Diese Schichten wirken auf komplizierte Weise aufeinander ein, und es gibt verschiedene Ansichten darüber, wie viele Schichten die Aura hat und welche Reihenfolge sie einhalten. Wenn Sie sich schützen wollen, brauchen Sie nur zu wissen, daß alles, was lebt, auf diesen verschiedenen Schwingungsebenen existiert und Wechselwirkungen zwischen den Frequenzen auf mehr als einer Ebene möglich sind. Sie können das Zusammenspiel der Ebenen mit Hilfe eines Achatkristalls fördern; er hilft Ihnen, Körper, Seele und Geist zu harmonisieren.

Das Diagramm auf der nächsten Seite ist eindimensional und vereinfacht. Nehmen Sie es also nicht zu wörtlich.

Die physische Welt ist die Grundlage des Seins. Hier schwingt die Materie am stärksten und sieht daher am solidesten aus. Dies ist die Ebene der Form. Physiker wissen allerdings, daß selbst ein scheinbar fester Körper in Wirklichkeit ungeheuer viel leeren Raum enthält, in dem die Sonnenwinde wehen. Auf der physischen Ebene des Seins benötigen wir unsere Sinne, um mit der Welt Kontakt aufzunehmen. Wir können unseren physischen Raum nicht mit anderen Menschen teilen. Selbst ein Fetus verfügt über seine eigene Haut und seine eigene Aura und ist in seine eigene Wasserwelt eingebettet.

Indem wir sehen, hören, tasten, riechen und schmecken, erforschen wir unsere Umwelt. Auf dieser Ebene kommunizieren wir mit Worten oder bildhaften Symbolen. Was wir sehen, ist real; was wir berühren, ist greifbar; und was wir schmecken, existiert. Dennoch spüren wir vielleicht, daß es unsichtbare Kräfte gibt, zum Beispiel Radio- oder Mikrowellen, die den Äther durchqueren.

Wenn wir eine Aura sehen, dann handelt es sich oft um ihre »physische« Ebene. Sie manifestiert sich als weißes oder graues Glühen nahe am Körper. Manchmal nennt man diese Schicht Äther- oder Astralkörper. Wird ein Teil des Körpers entfernt, behält die Aura die Umrisse des fehlenden Teils bei. Diese Aura zeigt, in welchem Zustand physischer Gesundheit wir uns befinden.

höheres Bewußtsein

spirituelle Ebenen	kausale/spirituelle Ebenen
	jenseits des Todes »Gipfelerlebnisse«
höhere Astralebene	tiefe Meditation
	Gedankenformen Telepathie Channelling außerkörperliche Erfahrungen außersinnliche Wahrnehmung
niedere Astralebene	übersinnliche Erfahrungen
physische Ebene	sinnliche Wahrnehmung körperliche, geistige und emotionale Erfahrungen

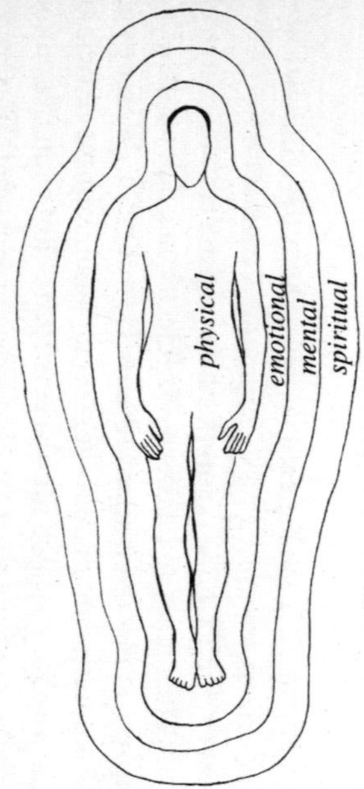

Unterbewußtsein
das kollektive Unbewußte

Die Aura und die Ebenen des Seins

Auf der emotionalen Seinsebene schwingt die Materie mit einer höheren Frequenz. Der emotionale Körper nimmt denselben Raum ein wie der physische, ist aber größer. Wir empfinden Gefühle und Emotionen in verschiedenen Körperteilen. Angst verkrampft den Magen, das Herz klopft vor Freude oder vor Kummer und so weiter. Wenn wir jemanden umarmen, ist das ein physischer Vorgang; doch die Gefühle, die wir austauschen, stammen aus dem Emotionalkörper. Wenn wir intuitiv und empfindsam sind, wissen wir, was andere fühlen, weil sie uns einen kleinen Teil ihrer »emotionalen Materie« übermitteln. Wenn nicht, verlassen wir uns auf unsere intellektuelle Einschätzung der Gefühle anderer Menschen oder auf unsere Erinnerung an eine Zeit, wo es uns ähnlich ergangen ist. Eine Kommunikation auf dieser Ebene der Existenz bedarf keiner Worte, obgleich sie Worte einschließen kann. Sie erfolgt oft durch Berührungen oder Gerüche. Furcht hat zum Beispiel einen rohen, ranzigen Geruch.

Der Fetus teilt die Gefühle seiner Mutter; denn das Blut befördert auch den Geschmack der Angst und der Freude. Chemische Boten bringen Emotionen in die Plazenta. Das Ungeborene kann aber auch manche Gefühle der Mutter intuitiv erfassen. Im Gegensatz zur landläufigen Meinung hat es schon im Mutterleib ein Bewußtsein. Wenn es ein Wunschkind ist, fühlt es sich geborgen, wenn nicht, kommt es sich kalt und abgelehnt vor. Das ist auch für den geistigen Schutz von Bedeutung; denn möglicherweise waren wir vor der Geburt extremen Gefühlen ausgesetzt. Manche Kinder können sich vor den starken Gefühlen der Mutter nicht abschirmen, andere lernen, sich sehr schnell zu schützen. Wenn wir heranwachsen, sind diese früh erworbenen Muster immer noch wirksam; das heißt, manche Menschen sind anfällig für emotionale Angriffe, andere für mentale Störungen. Beide Typen sind jedoch schutzlos, was übersinnliche Attacken betrifft.

Diese emotionale Ebene des Seins hat ihre Entsprechung in der Aura, und sie durchdringt andere Ebenen. Für das physische Auge bleibt sie allerdings unsichtbar. Nur ein übersinnliches Auge kann sie wahrnehmen. Man sagt, daß wir unsere Emotionen nicht mehr verbergen können, sobald wir den physischen Körper verlassen, weil die Aura dann für jedermann sichtbar wird. Die Erde ist also der Ort, wo wir unsere Emotionen verstecken, emotionale Spiele veranstalten und emotionale Katastrophen in uns und in anderen anrichten können. Darum ist dies eine jener Ebenen, die für psychische Angriffe am anfälligsten sind.

Auf der mentalen Ebene schwingt unser Sein schneller. Der emotionale Körper greift nach anderen aus, weil er kommunizieren und verstehen will. Wenn wir Gedanken teilen, wenn wir begeistert sind, verströmen wir »mentale Materie« in großen Wellen. Auf dieser Ebene kommunizieren wir durch Ideen, Symbole, Metaphern und Geschichten und übermitteln subtile Bedeutungsnuancen. Auch der »sechste Sinn« arbeitet auf dieser Ebene. Übersinnliche Wahrnehmung ist nicht auf physische Kommunikation angewiesen; sie kann Raum und Zeit überwinden und läßt sich oft nicht bewußt steuern. Telepathie - die Übermittlung von Gedanken durch den Raum ohne Worte oder Bilder - funktionierte während des ersten Mondfluges. Geistige Bilder wurden vom Mond aus abgeschickt und auf der Erde empfangen, allein durch Gedankenübertragung. Die Macht der Gedanken ist gewaltig. Das Denken kann uns gesund oder krank machen, es kann anziehen und abstoßen, andere Menschen beeinflussen, große Bewegungen in Gang setzen, ganze Kulturen vernichten. Durch gelenkte Gedankenkraft können wir alles verwirklichen, was wir uns vorstellen können. Das ist eine ehrfurchtgebietende Idee, die uns dazu veranlassen sollte, die Verantwortung für jeden einzelnen Gedanken zu übernehmen.

Die übersinnliche Wahrnehmung ist zwischen Mutter und Kind besonders stark. Viele Menschen, die man unter Hypnose in den Mutterleib zurückführt, wissen instinktiv, was ihre Mutter und andere Angehörige denken und fühlen. Bei den meisten geht diese Fähigkeit bald nach der Geburt verloren, einigen Kindern bleibt sie jedoch erhalten und ist Ursache mancher Verwirrung, wenn das, was man einem Kind sagt, nicht mit dem übereinstimmt, was es intuitiv wahrnimmt. Die meisten Kinder lassen entweder ihre außersinnlichen Fähigkeiten verkümmern, oder sie ziehen sich in ihre eigene innere Welt zurück und mißtrauen den Worten anderer. Wenn dies nicht geschieht, ist das Kind eine Art Radarschirm, der alles aufzeichnet, was um ihn herum vorgeht. Falls solche Kinder nicht einen starken Schutzschild zwischen sich und der äußeren Welt aufbauen, saugen sie Gedanken und Gefühle anderer auf wie ein Schwamm. Sie müssen sehr früh lernen, sich zu schützen, weil sie sonst leicht überwältigt werden. Schizophrenie ist nur eine Geisteskrankheit von vielen, deren Ursache die Unfähigkeit sein kann, sich vor dem geistigen Geplapper anderer abzuschirmen.

Für den Mentalkörper ist die Aura die Trägerin übersinnlicher Botschaften. Außerdem vermittelt sie zwischen den spirituellen, emotionalen und physischen Seinsebenen und hilft ihnen, zu kommunizieren und Einsichten, Gefühle und Intuitionen hervorzubringen. Bei intellektuell Veranlagten ist die mentale Aura erweitert und stark geladen. Bei zu emotionalen Menschen ist sie komprimiert und liegt eng am Körper.

Die Menschen neigen dazu, entweder den emotionalen oder den mentalen Körper zu bevorzugen. Der Mentalkörper ist zerebral, der Emotionalkörper ist intuitiv. Das führt entweder zu einer analytischen, intellektuellen Einstellung zum Leben oder zu einer unlogischen, gefühlsorientierten Haltung. Keine dieser Orientierungen ist besser als die andere. Es sind lediglich verschiedene Möglichkeiten, die Welt zu sehen. Die letztere ist jedoch anfälliger für äußere Einflüsse.

Auf der spirituellen oder kausalen Ebene wohnt das ewige, spirituelle Selbst. Ihre Frequenz ist die höchste und ätherischste, die wir in der materiellen Welt erreichen können. Ganz in den spirituellen Körper zu gelangen, ist das Ziel aller Menschen, die nach Erleuchtung streben. Es ist schwierig, bewußt auf dieser Ebene zu bleiben, und die meisten Menschen können sie nur kurz berühren; aber diese Fähigkeit läßt sich üben. Sobald wir uns jedoch im spirituellen Körper befinden, haben wir Kontakt mit dem universellen Bewußtsein, mit dem Kosmos, mit Gott, mit der Glückseligkeit ... nennen Sie es, wie Sie wollen. Dann wissen wir, ohne zu fragen, daß wir göttliche Wesen sind und daß unser Leben ein höheres Ziel besitzt. Dann haben wir Zugang zu einer Quelle der Liebe, die nie versiegt, zu einer Energie, die uns mütterlich und beschützend einhüllt und uns doch die Freiheit läßt zu sein, was wir sein müssen. Dann finden wir Hilfe und Führung, spirituelle Gemeinschaft und Freude.

Die spirituelle Aura ist mit dem Heiligenschein identisch. Heilige haben ihre Verbindung mit dem spirituellen Körper so intensiv gepflegt, daß er für alle sichtbar geworden ist, zumindest für jene, die Augen haben zu sehen. Auch unsere spirituelle Aura ist immer vorhanden, auch wenn wir sie vielleicht etwas aufpolieren sollten. Wenn die spirituelle Aura stark ist, genießen wir natürlichen Schutz.

Dies ist die höchste Ebene, die mit der materiellen Welt Verbindung aufnehmen kann; die höheren Ebenen sind nicht-materiell. Die astrale oder ätherische Ebene ist der Ort, an den die Seele nach dem Tod gelangt und von der aus einige »verlorene« Seelen zurück zur Erde streben, um dort Trost zu finden oder Rache zu üben. Es gibt noch höhere Ebenen, die wir im Laufe unserer Entwicklung alle erfahren müssen; aber mit ihnen werden wir uns hier nicht befassen. Es sei lediglich bemerkt, daß wir auch diese Ebenen erreichen können, nämlich im Zustand des erweiterten Bewußtseins.

Die höheren oder tieferen astralen Ebenen sind der Ort, zu dem die Seele nach dem Tod wandert. Die Kommunikation von »drüben« kommt zum größten Teil von dieser Frequenzebene, meist von Seelen, die dort haften und nicht in die höheren, spirituellen Ebenen gelangen. Wir können diese Ebenen während einer außerkörperlichen Erfahrung erreichen, also wenn der astrale oder ätherische Körper die materielle Ebene verläßt, mit dem physischen Körper aber verbunden bleibt. Viel seltener kommt es vor, daß jemand im körperlosen Zustand in die höheren, spirituellen

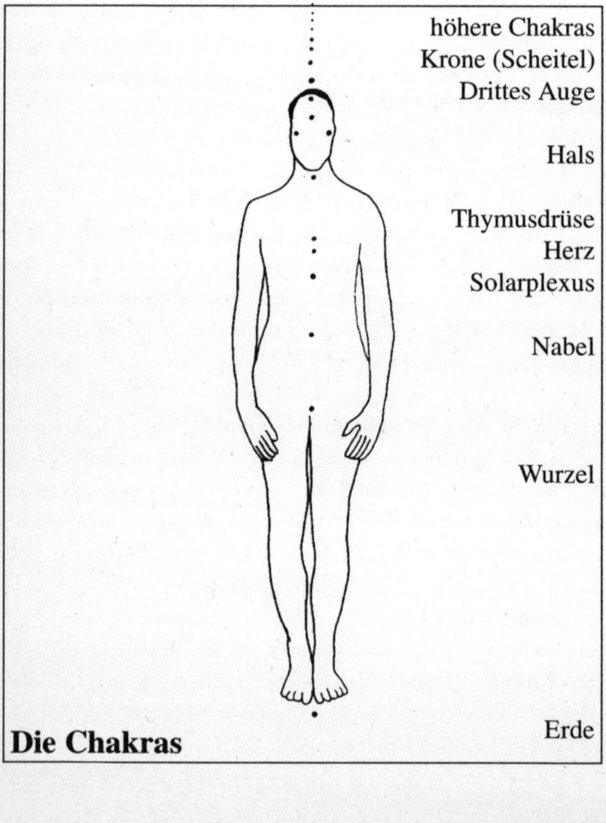

Die Chakras

Ebenen gelangt. Bei Nahtod-Erlebnissen führt der berühmte »Tunnel aus Licht« gewöhnlich in die astrale Ebene. Die Seele darf einen kurzen Blick auf die höheren Ebenen werfen, wird dann jedoch zurückgeschickt.

Die Chakras

Die Chakras verbinden den physischen Körper mit den subtilen Energiekörpern. Wer die Ebenen jenseits des Physischen sehen kann, sieht auch die Chakras in der Aura recht deutlich. Wenn die Chakras gesund sind, ist die Kommunikation zwischen den verschiedenen Energiekörpern in Ordnung; wenn nicht, herrscht nicht nur Disharmonie zwischen subtilen Körpern, sondern es besteht auch die Gefahr einer »Invasion« durch die blockierten Chakras. Ist beispielsweise der Solarplexus blockiert, kann es sein, daß Sie Energie verlieren oder ein übersinnlicher Vampir sie Ihnen abzapft. Außerdem nehmen Sie dann die Gefühle anderer auf. (Wir versuchen oft instinktiv, dieses Chakra zu schützen, indem wir die Arme vor dem Magen verschränken, wenn wir uns emotional bedroht oder ausgelaugt fühlen.) Wenn das Dritte Auge zu weit geöffnet ist, sind Sie wehrlos gegen Eindringlinge aus den astralen Ebenen und gegen die Gedanken anderer. Besteht ein Ungleichgewicht zwischen den Chakras - etwa wenn das Wurzel-Chakra blockiert und das Kronen-Chakra zu weit offen ist, weil Sie zu oft meditiert haben, ohne hinterher die Chakras zu schließen -, dann vermissen Sie den Boden unter den Füßen, oder Sie fühlen sich »high«. Wenn Sie wissen, wie Sie die Chakras schließen, können Sie solchen Problemen vorbeugen.

Während der Meditation verstärkten Sie den Zustrom spiritueller Energie, wenn Sie die Chakras bewußt öffneten. Damit diese Energie bei Ihnen bleibt und nicht zu anderen weiterfließt, müssen Sie anschließend die Chakras schließen. Bei intensiven Kontakten mit anderen Menschen, zum Beispiel beim Heilen oder Beraten, nutzen wir die Chakras, um Informationen aufzunehmen. Ist der Austausch beendet, müssen wir nicht nur die Chakras schließen, sondern auch dafür sorgen, daß kein Teil unserer Energie beim anderen und kein Teil seiner Energie bei uns bleibt.

Intuitiv gesehen, gleichen die Chakras Rädern, die sich um einen Lichtwirbel drehen. Manchmal drehen sie sich in verschiedene Richtungen, manchmal in die gleiche Richtung - beides ist gleich »richtig«. Bei übersinnlicher Wahrnehmung sollten alle Chakras sich gleich schnell drehen und die gleiche Licht- und Energiemenge ausstrahlen. Das läßt sich mit Hilfe eines Pendels überprüfen. Auch die Schwingungsfrequenz sollte bei allen Chakras gleich sein. Ist ein Chakra blockiert, können in seinem Inneren schwarze Flecken auftreten, oder das Chakra rotiert überhaupt nicht mehr und sieht sehr dunkel aus. Weit geöffnete Chakras drehen sich gewöhnlich sehr schnell, oder sie rotieren nicht, sehen aber extrem hell aus und versprühen Licht. Wenn Sie Ihr psychisches Gleichgewicht bewahren wollen, müssen Sie unbedingt Ihre Chakras reinigen, so daß sie richtig und im Einklang miteinander arbeiten. Die Essenz Bush Iris hilft Ihnen, blockierte Chakras zu befreien. Nehmen Sie diese Essenz, nachdem Sie Ihre Chakras mit einem Pendel überprüft haben. Wenn Sie die Untersuchung nach der Einnahme der Blütenessenz wiederholen, werden Sie einen beachtlichen Unterschied feststellen.

Die meisten Überlieferungen gehen von sieben Chakras aus, wobei das erste an der Wurzel der Wirbelsäule, das letzte über dem Scheitel liegt. Es gibt jedoch auch ein Chakra unterhalb der Füße, einige zusätzliche Chakras im Brustkorb und im Kopf sowie andere Chakras oberhalb des Kopfes, die uns mit den spirituellen Ebenen verbinden. Diese zusätzlichen Chakras öffnen sich, wenn Sie sich spirituell weiterentwikkeln. Sie werden sie spüren, wenn Sie Fortschritte erzielen, und können sie dann in Ihre Visualisierungsübungen aufnehmen, wenn es angebracht ist.

Mit dem Erd-Chakra verbunden zu sein, ist eine hervorragende Methode, sich zu schützen. Dieses Chakra erdet Sie und sorgt dafür, daß Sie auf der spirituellen Ebene nicht zu offen sind. Wenn Sie sich nach einer Meditation einfach wieder mit dem Erd-Chakra verbinden, kehren Sie auf ganz natürliche Weise in den physischen Körper zurück und beugen dadurch den Problemen vor, die bei einer unvollständigen Rückkehr eintreten. Auch vor der Meditation können Sie den Kontakt zu diesem Chakra verstärken, um spirituelle Einsichten und Energien auf die physische Ebene und in den Alltag zu leiten. Das Erd-Chakra verhindert, daß Sie »abheben«, und hilft Ihnen dennoch, sich den spirituellen Energien ganz zu öffnen, ohne psychische Angriffe befürchten zu müssen. Wenn die Kundalini - eine psychische und spirituelle Energie, die durch die Chakras die Wirbelsäule hinaufströmt und an ihrer Wurzel gespeichert wird - anfängt, zu stark zu pulsieren, leiten Sie sie hinunter ins Erd-Chakra, da Sie sonst »high« werden können.

Die folgende Methode, die Chakras zu öffnen und zu schließen, läßt sich vor und nach einer Meditation leicht anwenden. Auf der feinstofflichen Ebene reinigt die Blütenessenz Red Lily (rote Lilie) das

Wurzel-Chakra und öffnet das Kronen-Chakra, so daß die spirituellen Energien im Körper zur Ruhe kommen. Es empfiehlt sich, diese Essenz vor der Chakra-Übung anzuwenden und nach der Übung Fringed Violet und Flannel Flower (Flanellblume) zu nehmen, um die Chakras zu schließen. Üben Sie diesen Chakra-Schutz so lange, bis er in Fleisch und Blut übergeht. Dann können Sie ihn sofort anwenden, wann immer es notwendig ist. Es lohnt sich, die reinigende Visualisierung regelmäßig vorzunehmen, vor allem wenn Sie mit anderen Menschen gearbeitet haben. Entwirren sollten Sie die Chakras je nach Bedarf.

Auf Abbildungen sind die Chakras meist entlang der Wirbelsäule zu sehen; doch während der Übungen können Sie sich vorstellen, sie lägen vorne oder hinten am Körper, je nachdem, was Ihnen leichter fällt. Nach der Überlieferung ähneln die Chakras Lotosblüten mit vielen Blütenblättern. Sie können aber jede Blume vor dem geistigen Auge sehen, die Ihnen gefällt.

Machen Sie die folgenden Übungen, wenn Sie entspannt sind und Ihnen ein ruhiger Raum zur Verfügung steht, in dem Sie ungestört sind.

Das Öffnen und Schließen der Chakras

Wenn Sie bereit sind, mit der Meditation zu beginnen, konzentrieren Sie sich auf die Wurzel der Wirbelsäule und stellen Sie sich eine fest geschlossene Lotosknospe vor, die sich entfaltet und ein Blütenblatt nach dem anderen öffnet, bis sie eine vollständige, gesunde Blüte ist, die vor Energie glüht.

Sobald diese Blüte sich vollständig geöffnet hat, wenden Sie sich dem Nabel-Chakra zu. Die Lotosknospe befindet sich unterhalb des Nabels. Schauen Sie zu, wie sie sich langsam öffnet.

Danach konzentrieren Sie sich auf den Solarplexus. Stellen Sie sich die Knospe auf der Höhe der Taille vor, und beobachten Sie, wie sie sich langsam zu ihrer vollen Schönheit entfaltet.

Dann richten Sie Ihre Aufmerksamkeit auf das Herz. Schauen Sie, wie die Knospe sich darin öffnet und zur Blüte wird.

Gehen Sie nun weiter zum Hals, beobachten Sie, wie die zunächst fest geschlossene Knospe aufblüht.

Wenden Sie sich dann dem Dritten Auge zu. Die Knospe ist zwischen und ein wenig über den Augenbrauen. Schauen Sie, wie ein Blütenblatt nach dem anderen sich öffnet.

Konzentrieren Sie sich jetzt auf den Scheitel, auf das Kronen-Chakra. Hier ist die Knospe groß und schön. Sie öffnet sich allmählich und wird zu einer herrlichen Lotosblüte, die bereit ist, spirituelle Energie zu empfangen.

Wenn die Meditation beendet ist, widmen Sie sich zuerst dem Kronen-Chakra. Schauen Sie zu, wie die Blüte die spirituelle Energie in ihrer Mitte einhüllt und sich um sie schließt, bis sie wieder eine Knospe ist.

Gehen Sie dann weiter zum Dritten Auge, und beobachten Sie, wie auch diese Lotosblüte sich langsam schließt und zur Knospe wird.

Danach schauen Sie zu, wie die Blüte am Hals sich allmählich schließt und die Form einer Knospe annimmt.

Konzentrieren Sie sich nun auf das Herz. In seinem Zentrum faltet die Lotosblüte sich zusammen, und Sie sehen zu, wie eine Knospe aus ihr wird.

Jetzt wenden Sie Ihre Aufmerksamkeit dem Solarplexus zu und beobachten die Blüte, die sich langsam schließt.

Dann verfolgen Sie, wie die Lotosblüte im Nabel-Chakra sich zusammenfaltet, um ihr Zentrum zu schützen.

Jetzt sind Sie am Wurzel-Chakra angelangt und betrachten die sich sanft schließende Blüte.

Wenn Ihnen das Visualisieren schwer fällt: Öffnen und schließen Sie jedes Chakra vor den richtigen Stellen des Körpers mit den Händen. Spüren Sie, wie die Chakras reagieren und sich öffnen oder schließen.

Das Öffnen der Chakras

Konzentrieren Sie sich zunächst auf die Füße, dann auf eine Stelle, die etwa dreißig Zentimeter unterhalb der Füße liegt, Dort finden Sie ein Energiezentrum mit einer Schnur, die tief in die Erde hineinreicht. Diese Schnur hilft Ihnen, inkarniert zu bleiben. Sie ist dehnbar und erlaubt Ihnen, sich zu bewegen; aber sie erdet Sie und ermöglicht es der Energie der Erde, Sie zu ernähren und zu erhalten. Spüren Sie ihre Energie, und spüren Sie, wie sie Ihren Körper harmonisiert und stabilisiert.

Dieses Erd-Chakra ist mit allen anderen Chakras durch einen Energiestrom verbunden. Bleiben Sie in Verbindung mit dem Erd-Chakra, und folgen Sie diesem Strom aufwärts zur Wurzel der Wirbelsäule. Behalten Sie den Kontakt mit dem Erd-Chakra auch bei, wenn Sie sich durch die Chakras zum Kronen-Chakra bewegen.

Öffnen und schließen Sie die Chakras, wie in der vorigen Übung beschrieben.

Nachdem Sie Ihre Chakras geschlossen und geschützt haben, richten Sie Ihre Aufmerksamkeit wieder auf die Füße. Achten Sie darauf, daß das Erd-Chakra noch offen und seine in die Erde reichende Schnur an ihrem Platz ist. Spüren Sie nun, wie die Schnur Sie mit der Erde verbindet und Sie in den Körper zurückbringt. Spüren Sie, wie sie Ihnen hilft, in den Alltag zurückzukehren und die spirituellen Einsichten mitzunehmen, die Sie während der Meditation gewonnen haben, damit Sie sie in die Tat umsetzen können.

Anmerkung: Wenn Sie sich an einem Ort befinden, an dem Sie sich nicht wohl fühlen - vielleicht wegen einer geopathischen Störung -, denken Sie daran, Ihr Erd-Chakra zu schützen. Hüllen Sie es in einen Kristall, um es zu schließen, und verhindern Sie auf diese Weise, daß es Ihnen negative Schwingungen zuführt.

Wenn das Visualisieren Ihnen schwer fällt, stampfen Sie mit den Füßen auf, um das Erd-Chakra zu schützen. Versuchen Sie, den Energiestrom zu spüren, der alle Chakras verbindet. Er fließt durch die Füße nach oben durch alle Chakras.

So schützen Sie die Chakras

Konzentrieren Sie sich abwechselnd auf jedes Chakra, und sehen Sie es vor dem geistigen Auge durch Doppeltüren geschützt, die sich auf Ihre Anweisung öffnen und schließen. Üben Sie das Öffnen und Schließen jeder Tür, bis beides wie von selbst geschieht.

Versuchen Sie zu spüren, welches Chakra zu weit offen ist und welches geschützt werden muß, wenn Sie Ihren alltäglichen Verrichtungen nachgehen oder sich in einer besonderen Situation befinden. Stellen Sie sich beispielsweise vor, Sie begegnen einem Menschen, der Ihnen Energie stiehlt. Spüren Sie, wie anders Sie sich fühlen, wenn Sie das betroffene Chakra schützen. Stellen Sie sich vor, wie es wäre, wenn Sie dieses Chakra weit öffnen oder wenn Sie die Chakra-Türen schließen würden. Denken Sie daran, die Türen zu schließen, wenn es angezeigt ist, so daß Sie gar nicht mehr daran denken müssen.

Vergessen Sie nicht, in bestimmten Situationen zu prüfen, ob Ihre Chakra-Türen geöffnet oder geschlossen sind.

Wenn Ihnen das Visualisieren schwer fällt, können Sie die Türen an den richtigen Stellen mit den Händen öffnen und schließen.

Das Reinigen der Chakras

Schließen Sie die Augen, und öffnen Sie das innere Auge. Konzentrieren Sie sich auf die Wurzel der Wirbelsäule, und betrachten Sie das Wurzel-Chakra. Rotiert es gleichmäßig, und strahlt in seinem Inneren ein klares, helles Licht? Oder ist es trübe, reglos, blockiert? Wenn es Probleme gibt, können Sie das Chakra mit einem Lichtwirbel reinigen, mit neuer Energie erfüllen und harmonisieren. Lassen Sie den Lichtwirbel alle dunkle Energie aufsaugen, und schauen Sie, wie das Chakra sich wieder um sein helles, strahlendes Zentrum zu drehen beginnt.

Lenken Sie den Lichtwirbel nun zum Nabel-Chakra, und überprüfen Sie es. Wenn es unrein oder blockiert ist, lassen Sie den Lichtwirbel seine Arbeit verrichten. Achten Sie darauf, daß er mit dem Wurzel-Chakra in Verbindung bleibt; spüren Sie, wie die Energie zwischen beiden hin und her fließt.

Machen Sie dann weiter beim Solarplexus, beim Herzen, beim Hals, beim Dritten Auge und beim Kronen-Chakra. Wenn Sie diese Übung beendet haben, sollten alle Chakras hell sein, frei rotieren und zusammenarbeiten.

Am Ende der Übung schließen Sie die Chakra-Türen und öffnen sie erst wieder, wenn es angebracht ist.

Wenn Ihnen das Visualisieren schwer fällt, können Sie ein Pendel benutzen, um herauszufinden, wie die Chakras sich drehen. Wenn sie ungleichmäßig rotieren, legen Sie die Hand darauf und harmonisieren die Energie. Dann überprüfen Sie die Chakras erneut.

Das höhere Selbst

Wir haben nicht nur ein »Alltags-Selbst«, das den Körper aktiviert und das Leben auf dieser Erde lebt (in diesem Buch nenne ich es «Selbst«), sondern auch ein »höheres Selbst«, das auf der spirituellen Ebene wohnt. Dieses höhere Selbst ist der ewige, immaterielle Teil unseres Wesens, unsere göttliche Essenz, der Sitz des höheren Bewußtseins, unser spirituelles Wesen. Es hat viele Namen: Selbst, Geist, innerer Gott, kausales Selbst sind nur einige davon. (Das kann verwirrend sein, weil dieselben Ausdrücke manchmal unterschiedliche Teile unseres Seins bezeichnen, je nach Kontext und Glaubenssystem.) Das höhere Selbst ist mehr als die Seele, das Ich, die Individualität. Es ist eine andere feinstoffliche Dimension. Es ist »höher«, weil es jener Teil unseres Wesens ist, der so schnell schwingt, daß er Kontakt mit der spirituellen Ebene aufnehmen kann.

Durch das höhere Selbst sind wir mit allem, was ist, verbunden. Während eines Nahtod-Erlebnisses gelangen wir durch den klassischen Tunnel zu einem hellen Licht und zu einem Wesen, das uns erwartet. Dieses Wesen ist sehr oft unser höheres Selbst, obwohl wir uns dessen nicht immer bewußt sind, weil das höhere Selbst auch als »Führer« oder als religiöse Figur auftreten kann. Es ist das höhere Selbst, das zu uns sagt: »Geh zurück, es ist noch nicht Zeit zu sterben für dich« und uns häufig mitteilt, daß wir noch eine Aufgabe zu lösen, eine Erfahrung zu machen, eine Lektion zu lernen haben.

Je intensiver unser Kontakt mit dem höheren Selbst ist, desto mehr nimmt unsere spirituelle Bewußtheit zu. Wir steigern unsere Schwingungsfrequenz und verbessern unseren Schutz auf der physischen und auf der spirituellen Ebene. Diese Verbindung mit dem höheren Selbst ist wichtig; sie ist meiner Meinung nach der nächste evolutionäre Schritt der Menschheit. Wir müssen unser spirituelles Wesen in unser physisches Wesen, in unser Leben auf Erden einbringen. Für viele Menschen ist spirituelle Entwicklung gleichbedeutend mit »Transzendenz«, also mit dem Verlassen des Körpers. Das kann jedoch großen Schaden anrichten und dazu führen, daß andere Wesenheiten oder Energien von uns Besitz ergreifen. Solange wir auf der Erde sind, sollen wir ein körperliches Leben führen - wir wären nicht hier, wenn wir auf dieser Ebene nichts mehr zu lernen und keine Aufgabe mehr zu erfüllen hätten. Wenn wir unsere Lektionen gelernt haben, werden Seele und Geist vom physischen Körper befreit, damit wir uns auf eine andere Erfahrungsebene begeben können. Solange das nicht geschehen ist, steht es uns nicht wirklich frei, die irdische Ebene zu verlassen.

Ich erinnere mich gut an einen Freund, der daran arbeitete, seine körperlichen und spirituellen Schwingungen zu erhöhen, um in andere Dimensionen reisen zu können, ohne auf dieser Ebene sterben zu müssen. Er erwartete, seinen physischen Körper mitnehmen zu können. In der tiefen Meditation verließ er jedoch den Körper und verlor den Kontakt zur physischen Ebene vollständig. »Ich hätte einfach weggehen können«, berichtet er. »Ich wußte, daß ich diesen physischen Körper nicht in die neue Dimension mitnehmen konnte, daß ich aber die irdische Ebene in meinem spirituellen Körper hätte verlassen können. Was mich zurückhielt, war die plötzliche und doch absolute Erkenntnis, daß mein physischer Körper weitergelebt hätte - für ihn war es noch nicht Zeit zu sterben. Und da dieser physische Körper ein Teil von mir war, war ich für ihn verantwortlich. Hätte ich mich nicht um ihn gekümmert, wäre das ein Mißbrauch dieses Körpers gewesen, und außerdem hätte ich ihn anderen Wesen ausgeliefert, die nur zu froh darüber gewesen wären, ihn übernehmen und auf die Erde zurückkehren zu können. Das konnte ich einfach nicht tun. Ich wußte, daß ich als körperlich-geistige Einheit leben mußte.« Er beschloß also, in seinen Körper zurückzukehren und seine Schwingungsfrequenz zu erhöhen, um das höhere Selbst im Alltag zu manifestieren.

Wir können den Kontakt mit dem höheren Selbst durch Meditation, Sprechgesang, Riten usw. entwickeln. Aber wir müssen dabei »auf dem Teppich bleiben«. Wir müssen das höhere Selbst buchstäblich in den Körper aufnehmen. Wir stärken die Verbindungen zum physischen Körper und reinigen ihn, so daß er die höheren Schwingungen des spirituellen Selbstes empfangen kann. Diese Schwingungen empfangen wir nämlich nur, wenn wir alle Aspekte unseres Wesens integrieren, die »dunklen« wie die hellen, die unbewußten wie die überbewußten. Wir brauchen Ausgewogenheit - Yin und Yang. Wir nehmen das Höhere nicht in uns auf, indem wir vor den physischen Aspekten des Lebens davonlaufen, um auf der spirituellen Ebene zu leben. Dann stehen wir bestenfalls mit den Zehenspitzen auf der Erde, und dieser Kontakt, durch den das Spirituelle sich manifestieren kann, ist sehr schwach. Wir dürfen aber auch kein zuckersüßes Tugendlamm werden, das nur von Licht und Liebe schwärmt und eine Hälfte seines Wesens völlig unterdrückt. Die vernachlässigte Hälfte wird eines Tages unweigerlich mit großer Gewalt hervorbrechen und uns »zerreißen«. Nur wenn wir auf der körperlichen, seelischen und geistigen Ebene unseres Seins stabil und integriert sind, können wir wirklich mit unseren höheren spirituellen Energien arbeiten. Je intensiver wir nach dem höheren Selbst streben, desto besser können wir es als innere Stimme hören, und desto mehr Kraft haben wir.

Der Kontakt mit dem höheren Selbst

Setzen Sie sich ruhig hin, und stellen Sie sich vor, daß das höhere Selbst bei Ihnen ist. Sehen Sie vor dem geistigen Auge einen hellen weißen Lichtstrahl, der vom Kronen-Chakra ausgeht, die Chakras über dem Kopf durchquert und das höhere Selbst erreicht. Lassen Sie die Energie des höheren Selbstes durch diesen Lichtstrahl zu Ihnen fließen. Diese Energie ist bedingungslose, allumfassende Liebe. Das höhere Selbst ist mitfühlend und einfühlsam. Es akzeptiert und liebt Sie so, wie Sie sind. Vielleicht hören Sie eine innere Stimme, die zu Ihnen spricht, oder Sie spüren eine Kommunikation ohne Worte. Nehmen Sie sich soviel Zeit, wie Sie benötigen.

Wenn Sie zur Rückkehr bereit sind, schließen Sie bewußt die Chakras, während der Lichtstrahl sich zurückzieht. Prüfen Sie dann, ob die erdende Schnur am richtigen Platz ist und ob Sie wieder Kontakt mit der Energie der Erde haben.

Wenn Sie die Verbindung mit dem höheren Selbst einmal hergestellt haben, können Sie sie jederzeit wieder aufnehmen, indem Sie den Lichtstrahl aussenden.

Die Begegnung mit dem höheren Selbst

Diesen Abschnitt sollten Sie auf Tonband sprechen und während der Übung abspielen, und zwar so lange, bis Sie eines Tages imstande sind, im »Obergeschoß« den Lift zu verlassen und genau zu wissen, was vor sich geht. Machen Sie, wenn nötig, die Grundübung zum Entspannen.

Setzen Sie sich bequem hin, und entspannen Sie sich...

Wenn Sie bereit sind, stellen Sie sich vor, sie betreten einen schnellen Aufzug, der Sie nach oben bringt. Das Obergeschoß ist außer Sichtweite in den Wolken. Drücken Sie den obersten Knopf, und lassen Sie sich vom Lift so hoch hinauftragen, wie es geht.

Wenn der Aufzug hält, steigen Sie aus. Ihr höheres Selbst erwartet Sie bereits. Umarmen Sie es. Spüren Sie die Liebe, die Sie einhüllt. Verbringen Sie soviel Zeit wie nötig mit dem höheren Selbst.

Wenn es Zeit ist zurückzukehren, bitten Sie das höhere Selbst, mit Ihnen in den Aufzug zu gehen (das klappt anfangs nicht unbedingt). Drücken Sie den Knopf »Erdgeschoß«, und lassen Sie sich vom Lift zu Ihrem Alltagsbewußtsein zurückbefördern. Verlassen Sie den Lift, und betreten Sie wieder die profane Welt. Wenn Sie beharrlich üben, werden Sie bald erleben, daß das höhere Selbst mit Ihnen aussteigt.

Bewegen Sie nun Hände und Füße, und holen Sie ein paarmal tief Luft. Öffnen Sie die Augen. Stehen Sie auf, und gehen Sie im Zimmer hin und her. Stellen Sie die Füße fest auf den Boden, damit Sie die Verbindung mit der Erde so stark wie möglich spüren.

Es ist ganz normal, wenn Sie nach dieser Übung »vergessen« haben, was zwischen dem Betreten des Aufzugs und dem Erreichen der obersten Etage geschehen ist. Vielleicht denken Sie, Sie seien nirgendwo angekommen oder gar eingeschlafen. Wenn Sie beharrlich sind und darum bitten, wird Ihr Erinnerungsvermögen zurückkehren. Sie können auch eine Anweisung auf Band sprechen, damit Sie nach dem Betreten des Aufzugs ganz oben daran denken, das höhere Selbst um einen Gegenstand oder ein Symbol zu bitten, das Sie mitnehmen dürfen. Wenn Sie den Lift unten verlassen, sehen Sie nach, was das höhere Selbst Ihnen gegeben hat. Sie werden überrascht sein, wenn Sie etwas mitgebracht haben. Mit der Zeit lernen Sie, auch auf der höheren Ebene bewußt zu bleiben, und dann werden Sie immer mehr Erinnerungen mitbringen.

Wenn Sie daran arbeiten, das höhere Selbst in sich aufzunehmen, sollten Sie sich mit ihm vereinigen, wenn Sie es umarmen. Üben Sie, als ein Wesen zurückzukehren. Eines Tages werden Sie imstande sein, den Lift im Erdgeschoß vereint mit Ihrem höheren Selbst zu verlassen und es mit in den Alltag zu nehmen.

Die Macht der Gedanken

Der Gedanke ist die größte Kraft auf diesem Planeten. Er ist der Impuls, der Dinge in Bewegung setzt, der erschafft und zerstört. Es gibt Schönheit, weil jemand einen Gedanken hatte. Ein Atomkrieg ist möglich, weil jemand anders einen anderen Gedanken hatte. Der eine trägt den Samen des anderen in sich. Wenn wir die Macht der Gedanken vollständig begreifen könnten, wären wir in der Lage, unsere Welt umzugestalten. Wären wir uns wirklich dessen bewußt, daß der Mensch ist, was er denkt, könnten wir die am höchsten entwickelten Wesen aller Zeiten werden.

Der Gedanke ist daher eine wirksame Waffe. Wir bringen hervor, was wir glauben. Wer an sich selbst glaubt, ist am besten geschützt. Wer im tiefsten Inneren weiß, daß nichts ihm schaden kann, ist vollkommen geschützt. Wenn wir erkennen, daß Gedanken Dinge sind, hören wir auf, uns und anderen zu schaden. Wenn wir eine Gedankenform wahrnehmen, können wir sie durch einen stärkeren Gedanken vernichten. Wenn wir uns außerhalb des Körpers befinden, können wir uns zurückdenken.

Natürlich reagieren manche Menschen empfindlicher auf Gedanken als andere. Aber wir alle haben irgendwann plötzlich einen Gedanken gehabt, der nicht unser eigener war - wir haben ihn telepathisch aufgeschnappt. Manche Menschen werden ständig mit fremden Gedanken bombardiert, für andere ist das ein seltenes Ereignis. Aber es kommt vor. Wie oft es geschieht, hängt davon ab, wie offen die Aura ist. Die Durchlässigkeit unseres »Geistfeldes«, aber auch unser Glaube und unsere Überzeugungen machen uns anfällig für psychische Angriffe.

Die Macht des Fluches ist seit Urzeiten überall bekannt. Jeder, der hört, daß jemand ihn verflucht - selbst in der mildesten Form -, hat ein ungutes Gefühl »im Bauch«. Als ich in Afrika tief im Busch lebte, hatte ich einen Hausboy, den der Juju (der Hexenmeister des Ortes) verfluchte. Dieser Juju hatte offensichtlich große Macht. Als europäische Bauunternehmer den Flugplatz bauten, stellten sie zu ihrer Überraschung fest, daß sie auf dem Weg, den der Juju benutzte, keinen Hangar errichten konnten. Sie bauten ihn, und er fiel über Nacht zusammen. Sie bauten ihn erneut, und er stürzte wieder ein. Sie bauten ihn woanders, und er blieb stehen. Und als mein Hausboy wegen eines kleinen Fehlverhaltens verflucht wurde, erkrankte er über Nacht. Sein Glaube ließ nichts anderes zu. Unser englischer Arzt konnte nichts feststellen; er sagte, der Junge sei krank vor Furcht. Der Arzt war seit langem in den Tropen und respektierte die Macht des Glaubens und die Macht des Juju, der, wie er selbst beobachtet hatte, nicht nur verfluchen, sondern auch heilen konnte. Mein Hausboy hatte die katholische Missionsschule besucht. Darum gab der Arzt ihm ein religiöses Amulett und sagte ihm, es habe die Kraft, den Fluch zunichte zu machen, weil die »Medizin des weißen Mannes« mächtiger sei. Da man dem Jungen eingetrichtert hatte, die Religion der Europäer sei die höchste auf Erden und die Weißen übten die oberste Gewalt aus (es war in der Kolonialzeit), überwand das Amulett seinen Stammesglauben an den Juju. Dennoch hatte dieser Glaube trotz seiner Erziehung eine Zeitlang triumphiert.

Diese Furcht, diese primitive Reaktion des Gehirns, macht den Fluch wirksam. Ein Teil von uns akzeptiert ihn, glaubt daran und bringt selbst die Folgen hervor. Darum haben Kettenbriefe eine so heimtückische Macht. Wir erhalten das erste Exemplar mit wüsten Drohungen, die Tod und Verderben für den Fall ankündigen, daß wir den Brief nicht weiterreichen. Wir zerknüllen ihn und werfen ihn ins Feuer oder in die Mülltonne. »Das kann mir nicht schaden«, denken wir in dieser Phase - obwohl wir vielleicht jetzt schon ein wenig zögern ... »Oder doch?« Dann, ein paar Tage später, ereilt uns ein kleines Mißgeschick, und plötzlich erinnern wir uns an den Brief und beginnen zu grübeln. Hat der Brief doch eine gewisse Macht, hat er das Unglück verursacht? Wir geben ihm Macht, indem wir solche Zweifel zulassen. Unser Glaubenssystem verändert sich auf subtile Weise. Vielleicht kann ein Brief uns doch schaden ... Nein, entgegnet unser Verstand, selbstverständlich nicht. Doch unterhalb der rationalen Ebene, im älteren, primitiveren Teil unseres Wesens, halten wir es für möglich. Dieser Teil wird aktiv, wenn der nächste Brief kommt, einerlei, wie groß der Abstand ist. Die Kausalkette wird stärker, weil wir Ereignisse, die wir unter normalen Umständen übersehen würden, nun mit den Briefen verknüpfen. Zwar ist der Verstand nicht überzeugt, doch der primitive Teil von uns ist stärker. Jetzt zögern wir, bevor wir den zweiten Brief zerknüllen. Wir haben »angebissen«.

Wenn der Fluch oder der Angriff lediglich auf der übersinnlichen oder telepathischen Ebene erfolgt, umgeht er unsere Vernunft und gelangt direkt auf die primitive, irrationale Ebene. Selbst wenn wir nicht wissen, daß jemand uns verflucht hat, kann der Fluch Furcht und psychische

Folgen auslösen. Auch eine äußere Quelle ist nicht erforderlich; denn unsere innere Furcht kann die gleichen Folgen haben, weil unser primitives Hirn daran glaubt und weil wir hervorbringen, was wir glauben.

Wir dürfen solche irrationalen Überzeugungen nicht einfach ignorieren. Wir können uns nicht zwingen, etwas anderes zu glauben. Schließlich handelt es sich um ein Erbe unserer fernsten Ahnen, das tief im Unterbewußtsein verwurzelt ist. Wir können diese Überzeugungen jedoch auf subtile Weise umprogrammieren und sie durch Rituale zufriedenstellen, so wie unsere Vorfahren ihre Ängste und sogenannten abergläubischen Vorstellungen in Schach hielten. Wenn wir ein Ritual längere Zeit anwenden, verleihen wir ihm die Macht, Furcht zu überwinden. Katholiken bekreuzigen sich, um das Böse abzuwehren - ein uraltes Ritual. Ägypter tragen noch heute das Auge des Horus, um sich zu schützen - ein noch viel älteres Ritual.

Indem wir der Furcht und dem Zweifel Eingang gewähren, werden wir anfällig für unseren negativen Glauben an uns selbst und für das, was andere von uns denken - und für die mehr oder weniger bösen Absichten anderer. Eltern programmieren ihre Kinder: »Du bist anders als die anderen. Du bist so unartig/ungeschickt/aggressiv/dick usw.« Dann sind sie überrascht, wenn das Kind zu einem asozialen Eigenbrötler wird, der alte Damen beraubt, um sich Geld für seine Drogen zu beschaffen. Auch mit uns selbst gehen wir so um. Manche tief verwurzelten, irrationalen Ansichten über uns selbst sind uns nicht bewußt. Dennoch untergraben sie aus den Tiefen unserer Seele alles, was wir zu tun versuchen. »Das habe ich nicht verdient«, »Das bin ich nicht wert«, »Das schaffe ich nie« - solche Gedanken sorgen dafür, daß wir es wirklich nie schaffen. Der Gedanke »Warum passiert das immer mir?« garantiert dafür, daß es immer wieder passiert. Richard Bach sagte: »Glauben Sie an Ihre Grenzen, und Sie werden begrenzt sein.« Wir bringen hervor, was wir glauben.

Schon der bloße Gedanke »Er ist mächtiger als ich« setzt uns der Gefahr aus, übersinnlich beherrscht zu werden. Ein Angriff muß nicht unbedingt böse gemeint sein. Wer aus Mitleid immer wieder an den »armen X« denkt, macht ihn arm und unglücklich für den Rest seines Lebens - sofern X glaubt, er sei äußeren Kräften hilflos ausgeliefert. Sollte X jedoch tief im Inneren zu der Überzeugung gelangen, daß er allmächtig ist und sein Leben selbst in der Hand hat, kann die Situation sich über Nacht drastisch ändern.

Wenn wir also lernen, positiv zu denken und unsere Gedanken zu konzentrieren, schaffen wir uns einen Schutzschild. (Ein Türkis fördert diesen Vorgang, weil er nicht nur schützt, sondern auch das positive Denken fördert.) Darum ist die schöpferische Visualisierung so mächtig. Nicht die Bilder wirken, sondern die konzentrierten Gedanken, die sie hervorbringen. Die Bilder sind lediglich ein Brennglas für unsere Absichten. Darum ist es so wichtig, daß Sie »tun, als ob«, wenn es Ihnen schwer fällt zu visualisieren. Wenn Sie spüren, was vor sich geht, wenn Sie auf ihre innere Stimme hören und aus richtigen Beweggründen so handeln, als ob Sie visualisiert hätten, dann bringt Ihr Denken hervor, was Sie glauben.

Angreifer gehen umgekehrt vor. Sie konzentrieren sich bewußt oder unbewußt auf ihren Groll und ihren Haß und projizieren ihre Gedanken in Form von übersinnlichen Wellen auf das Opfer. Ist dieses ungeschützt, treffen die bösen Gedanken es mit voller Wucht. Hat das Opfer dagegen einen guten Schutzschild, prallen die negativen Gedanken von ihm ab und treffen seine Mitmenschen. (Darum sollten Sie den Schutz Ihrer Kinder regelmäßig verstärken, vor allem wenn Sie Grund zu der Annahme haben, daß Sie das Ziel eines übersinnlichen Angriffs sind.) Wenn Sie wissen, daß jemand Sie angreift, sollten Sie Abwehrmethoden anwenden, die eine Gedankensperre errichten, und zwar möglichst nahe beim Übeltäter. Die üblen Gedanken fallen dann auf ihren Urheber zurück.

Wenn Sie Ihren geistigen Schutz verstärken oder irgendeine Abwehrmethode benutzen, sollte Ihr erster Gedanke lauten: »Ich kann das. Ich habe die Kraft dazu.« Wenn Sie merken, daß Sie zu zweifeln beginnen, stellen Sie sich möglichst nahe vor einen Spiegel und blicken Sie sich fest in die Augen, so tief wie möglich. Denn die Augen sind das Fenster zur Seele und die Tür zu den höheren Kräften. Sagen Sie laut und voller Überzeugung: »Ich kann das. Ich habe die Kraft dazu.« Blicken Sie sich weiter in die Augen, und wiederholen Sie diese Worte, bis Sie von ganzem Herzen und von ganzer Seele daran glauben. Ihr Verstand wird nicht zurückstehen. Jedes »aber« können Sie mit einer übersinnlichen Laserpistole auslöschen. Nutzen Sie Ihre Kraft, denn dafür ist sie da! Wie finden Sie eine solche Laserpistole? Sie denken sie einfach herbei! Sie stellen sich die Waffe vor und sehen sie vor dem geistigen Auge, bis Sie sie in der Hand spüren. Dann schießen Sie damit auf den zweifelnden Gedanken, und puff! - er verschwindet. Wenn Sie an sich selbst glauben, schaffen Sie es.

Werden Sie aber nicht eingebildet oder egoistisch. Bei übersinnlicher Arbeit kommt Hochmut stets vor dem Fall. Und da Gleiches stets Gleiches anzieht, machen Sie sich früher oder später selbst zur Zielscheibe eines übersinnlichen Machtkampfes. Viel besser ist es, Demut zu bewahren. Der Glaube an sich selbst und an Ihre Fähigkeit, sich selbst zu schützen, sollte Ihnen ruhige Zuversicht vermitteln, nicht aber die arrogante Einstellung »Ich weiß alles und kann alles«. Wir müssen flexibel bleiben. Wenn wir zu starr oder eingebildet werden, ziehen unsere Gedanken Leute an, die selbst starr und eingebildet sind und die ebenfalls alles besser wissen. Wenn wir selbstgefällig werden, locken wir Menschen an, die zu uns sagen: »Oh, das kann ich besser.« Und da Gedanken real sind, beginnt der Machtkampf.

Gleiches zieht Gleiches an

Wir wissen von den Teilchenphysikern und alten Mystikern, daß das Universum sich unablässig bewegt. So wie die Planeten unseres Sonnensystems die Sonne umkreisen, so bildet sich Materie von selbst aus den Rohstoffen der Existenz. Ein Teil dieser Rohstoffe ist dicht, ein anderer diffus, je nachdem, wie stark die Kräfte sind, die sie zusammenhalten. Andere Partikel der Materie entfernen sich mit großer Geschwindigkeit voneinander - sie werden abgestoßen. Und weil alles Schwingung ist, wirken Anziehung und Abstoßung auf allen Ebenen des Seins.

Psychologisch gesehen bedeutet das, daß jede Energie, die wir aussenden, auf uns zurückfällt. Einerlei, welche Frequenz, welche Schwingungsrate uns eigen ist - wir ziehen Wesen an, die uns ähneln, und stoßen jene ab, die anders sind. Alle unsere Gedanken, gute und schlechte, schaffen unsere Wirklichkeit. Wenn wir uns im tiefsten Herzen nach Frieden sehnen, werden wir ihn bekommen. Ist unser Glaube oberflächlich und haben wir nicht das geringste Vertrauen zum Universum, werden wir Mißklang und Unruhe erfahren. Wenn wir Furcht ausstrahlen, locken wir Furchterregendes an.

Dieser Grundsatz gilt in allen Bereichen der spirituellen Arbeit. Wenn wir unsere Schwingungen auf die höchste aller Ebenen angehoben haben, können niedrigere Schwingungen nicht an uns haften; selbst wenn wir ihnen begegnen, bleiben wir davon unberührt. Wenn unsere Absichten edel sind (und nicht befleckt vom Verlangen nach Ruhm), werden wir unsere edlen Ziele erreichen. Wenn unsere Gedanken rein sind (nicht zuckersüß oder frömmlerisch), bringen wir Gutes hervor.

Das Prinzip »Gleiches zieht Gleiches an« ist beim Meditieren und bei der spirituellen Arbeit wirklich hilfreich; denn wenn wir auf der höchsten Ebene denken und schwingen, können wir sicher reisen, und wir erreichen unser höheres Selbst, jenen Teil von uns, der die höchste Schwingungsebene erreicht hat.

Schwingungen können auch ein Werkzeug sein. Schall ist Schwingung. Darum können wir Musik nutzen, um Schwingungen anzuheben.

Es gibt ausgezeichnete Meditationsmusik[2]. Wenn Sie ein Stück finden, das Ihnen gefällt, können Sie es regelmäßig spielen. Dann wird es ein Ritual, und Rituale sind ein starker Schutz. Musik versetzt Sie in Trance, und wenn Sie immer wieder Musik hören, erreichen Sie höhere Ebenen des Bewußtseins. Mit Hilfe der Musik können Sie auch Stimmungen oder die Atmosphäre ändern. Wenn Sie spüren, daß jemand unfreundliche Gedanken gegen Sie hegt, können Sie diese Gedanken mit Musik abwehren. Wenn Sie verstört, grundlos zornig oder ängstlich sind, können Sie mit der richtigen Musik Ruhe finden. Sie verändert die Schwingungen, die Sie aussenden, und damit auch deren Wirkung.

Wir brauchen jedoch Ausgewogenheit. Zuviel Freude und Sonnenschein ersticken uns. Wenn wir unsere dunkle Seite immer unterdrükken, ziehen wir dunkle Schwingungen anderer an - die im Grunde unsere eigenen sind.

---

[2] Fordern Sie bei Interesse bitte den Gratis-Musik-Katalog des Aquamarin Verlages an.

Gedankenformen

Vor einigen Jahren gelang amerikanischen Parapsychologen ein etwas bizarres, aber äußerst erfolgreiches Experiment. Sie schufen mit der Kraft ihrer Gedanken einen Gesprächspartner auf der »anderen Seite«. Sie visualisierten ihn und seine Lebensgeschichte. Er war eine fiktive Person; aber sie erweckten ihn zum Leben. Anschließend übermittelte er durch mehrere Medien Einzelheiten seines Lebens, so wie die Forscher es niedergeschrieben hatten. Obwohl er nur ein Produkt ihrer gemeinsamen Vorstellungskraft war, lebte er in ihren Gedanken - er war eine Gedankenform.

Schriftsteller sind mit diesem Phänomen vertraut. Charaktere aus Romanen oder Drehbüchern sind dafür bekannt, daß sie zu einem eigenen Leben erwachen. Manchmal verhalten sie sich so, wie sie müssen, nicht wie der Autor es will. Da es Millionen von Geschichten gibt, leben irgendwo da draußen auf einer feinstofflichen Ebene alle ihre fiktiven Persönlichkeiten. Wird eine Geschichte verfilmt, muß der Schauspieler den Erwartungen der Leser entsprechen. Er muß den fiktiven Charakter annehmen, weil dieser bereits existiert, wenn auch in Gedanken. Gelingt ihm das nicht, wird der Film ein Fehlschlag.

Im tibetischen Bardo (einem Zwischenreich nach dem Tod) gibt es »hungrige Geister«. Sie bilden sich aus allen unerfüllten Wünschen der Menschen. Wünsche sind mächtige Gedanken. Sie erschaffen, sie leben. Auch die hungrigen Geister sind Gedankenformen, sie sind eine Art übersinnliches Video. Ihr Ursprung sind meist tiefes Elend oder heftiger Zorn. Sie haften an einem Ort, erstarren in einem Augenblick, suchen Menschen heim. Man kann nur selten mit ihnen sprechen, und sie haben wenig psychische Energie, es sei denn, jemand glaubt fest an sie oder fürchtet sie - dann werden sie stärker. Sie unterscheiden sich sehr von den verirrten Seelen, die den Weg auf die andere Seite noch nicht gefunden haben. Diese Seelen sind im Zwischenreich gefangen, aber sie sind keine bloßen Gedankenformen.

Magier aller Zeitalter haben bewußt Gedankenformen erschaffen, um mit ihnen zu arbeiten, und diese Formen brauchen nicht menschenähnlich zu sein. Die »Schutzgeister« der Hexen waren Gedankenformen, die meist Tiergestalt annahmen, aber sich verwandeln und reisen konnten - geleitet vom Geist der Hexe. Wollte ein Magier jemanden angreifen, schuf er »Dämonen und Teufel«, welche die Arbeit für ihn erledigten. Er beschwor Incubi und Succubi, die ihm bei seiner Magie halfen. Auch viele Zaubersprüche stützten sich auf Gedankenformen. Gedanken nahmen Gestalt an und taten ihr Werk.

Sie brauchen jedoch kein Magier zu sein, um Gedankenformen zu schaffen (aber vielleicht waren Sie einer in einem früheren Leben). Wann immer wir etwas stark genug begehren, erschaffen wir es auf der mentalen Ebene. Wann immer wir Gedanken des Neides oder der Zerstörung aussenden, werden sie auf dieser Ebene real. Wir sind durch Gedanken miteinander verbunden. Darum werden so viele Angstanfälle unbewußt ausgelöst. Solange die Menschen die Macht des Gedankens nicht kennen, wissen sie nicht, daß sie etwas erschaffen, was ein eigenes Leben führt und sich seine Ziele selbst aussucht. Gedankenformen werden von starken Gefühlen gespeist: Zorn, Eifersucht, Neid oder Haß. Aber auch Liebe und der Wunsch, sich zu schützen, versorgen sie mit Energie. Wenn Sie also merken, daß Sie negative Gedanken aussenden, sollten Sie immer darum bitten, daß diese Gedanken neutralisiert werden. Aus karmischer Sicht ist es unklug, schlechte Gedanken zu hegen, weil sie immer zur Quelle zurückkehren. Und je bewußter wir in spiritueller Hinsicht sind, desto schneller wirkt das Karma sich aus. Meiden Sie also böse Gedanken, schützen Sie sich selbst.

Als ich einmal psychisch angegriffen wurde, überschwemmten mich mächtige dunkle Emotionen, hervorgerufen von zwei Menschen, die zum Heilen ausgebildet waren. Ein solcher Geist kann seine Energie besser bündeln, und man kann ihn zum Guten wie zum Bösen nutzen. Absichtlich oder unabsichtlich schufen die beiden Gedankenformen, die mich selbst dann belästigten, wenn die Eindringlinge sich dessen nicht bewußt waren. Auch mein Partner schuf mit den Sekhmet-Wächtern (siehe Seite 55) Gedankenformen, die ohne unser Zutun aktiv blieben. Ich konnte mich von ihnen befreien, indem ich ihnen meine Aufmerksamkeit, also meine Energie entzog. Die Gedankenformen schützen mich immer noch - aber nicht mehr auf angsteinflößende Weise.

Wir müssen mit Gedankenformen rechnen, nicht nur, weil wir sie absichtlich erschaffen oder anziehen können, sondern auch, weil wir ihnen möglicherweise auf Astralreisen begegnen. Nur wer vorbereitet ist, kann sich schützen. Manchmal treffen wir das Produkt unserer eigenen

Furcht oder unserer überaktiven Phantasie - zuviele Gespenstergeschichten können Gespenster hervorbringen! Gewiß, sie existieren nur in unserer Vorstellung; aber wir müssen uns dennoch mit ihnen auseinandersetzen. Selbstverständlich begegnen wir auf der übersinnlichen Ebene auch Alpträumen, die andere geschaffen haben.

Die Begegnung mit Gedankenformen war eine der Aufgaben, denen Initianden sich stellen mußten. Sie wußten allerdings, daß diese Formen nicht wirklich waren. Ich kann mich lebhaft an eine Einweihung im alten Ägypten erinnern. Man bereitete mich vor, legte mich in ein »Grab« und verschloß es. Ich konnte mich nicht bewegen und befand mich in tiefer Trance. Vielleicht stand ich unter Drogen, vielleicht war ich nur hypnotisiert oder hatte mit den Priestern telepathischen Kontakt. Ich wußte es nicht. Mir war nur klar, daß ich meinen Körper verließ, und daß ich eine Reihe klassischer Prüfungen bestehen mußte: Ich befreite mich aus einer Schlangengrube und überwältigte Gedankenformen kraft meines Geistes. Ich durfte nicht vergessen, daß ich in Sicherheit und unzerstörbar war. Hätte ich diese Formen für real gehalten, wäre ich verloren gewesen. Wenn ich sie leugnete und an meinen Schutz glaubte, konnten sie mir nichts anhaben. Es gab auch Schutzgeister, die ich rufen konnte, und vielleicht ist dies der Grund, warum ich heute Sekhmet anrufe.

Ich habe unzählige Berichte über ähnliche Erfahrungen gelesen. Ich habe Menschen zurückgeführt und sie ihre Initiationen noch einmal durchleben lassen. Ich habe für sie die Folgen einer mißglückten Initiation »gesehen«, und wir sind zusammen zurück in ein früheres Leben gegangen, um Gedankenformen zu besiegen. Ich glaube, manche Schizophrene zapfen ihr eigenes Bewußtsein oder das kollektive Bewußtsein an und begegnen dabei Gedankenformen. Andere treffen sie beim Meditieren oder auf Astralreisen. Einige von Priestern erzeugte Gedankenformen existieren immer noch - wenn Sie daran zweifeln, verbringen Sie einige Zeit allein in den unterirdischen Gruften von Dendera. Man kann sie jedoch mit »übersinnlichen Lasern« oder durch Unglauben auslöschen, und man kann sie ignorieren. Gefährlich sind sie nur, wenn man an sie glaubt.

Als mein Verlag mich fragte, welches Titelbild ich mir für diese Buch wünschte, dachte ich sofort an ein Gemälde von Sekhmet in meinem Arbeitszimmer. Ich wußte, daß die Malerin, Judith Page, sich sehr mit Sekhmet verbunden fühlt. Allerdings hielt sie Sekhmet nicht für die beste Wahl, da sie ihn in der Maske des Heilers kannte. Sie schlug den

Sekhmet

Krokodilgott Sobek vor, den Wächter und Beschützer. Sie besaß ein Bild, das sie wegen seiner schützenden Energie gemalt hatte. Als sie mir eine Kopie schickte, war ich überrascht: Genau dieses Bild hatte ich vor einigen Tagen aus einer Zeitschrift ausgeschnitten. Ich war Sobek begegnet, als mich jemand übersinnlich angegriffen hatte, und da ihn jemand gegen mich eingesetzt hatte, kam er mir nicht als Beschützer in den Sinn.

Als ich jedoch dieses Buch beendete, spürte ich, daß ich mich mit ihm anfreunden mußte, um vergangene Wunden zu heilen. Ich hatte das ausgeschnittene Bild in eine Mappe gelegt, um es im nächsten Jahr zu archivieren. Sobek symbolisierte Versöhnung und Erneuerung meiner psychischen Energie. Jetzt, zwischen Weihnachten und Neujahr, bot Judith mir ein Bild an, das ihn im Augenblick der Wiedergeburt und Erneuerung darstellte. Er sollte der Beschützer des Buches sein, das ich soeben geboren hatte. Die Synchronizität schien mir perfekt, und darum war Sobek genau die richtige Wahl.

Ein solcher Wächter schützt Sie vor Gedankenformen, und darum lohnt es sich, einen Wächter zu erschaffen, ehe Sie ihn benötigen. Dann können Sie ihn rufen, wann immer Sie ihn brauchen.

So erschaffen Sie Ihren Wächter

Wählen Sie ein Wesen, an das Sie glauben und dem Sie vertrauen - einen Engel oder Erzengel, ein mythisches Wesen, einen Gott oder eine Göttin, ein Tier oder einen Menschen.

Beschaffen Sie sich ein Bild oder eine Statue Ihres Wächters.[3]. Sie können es auch selbst zeichnen. Es braucht kein Meisterwerk zu sein; wichtig ist nur Ihre Einstellung. Tragen Sie das Bild bei sich, und betrachten Sie es ab und zu, bis Sie damit vertraut sind. Vielleicht finden Sie ein Musikstück, eine Farbe, einen Kristall (Zölestit unter dem Kopfkissen zieht Ihren Schutzengel an), eine Blume oder einen anderen Gegenstand, der mit Ihrem Wächter zu tun hat. Benutzen Sie alles, was Sie diesem Wesen näher bringt.

Wenn Sie bereit sind, setzen Sie sich mit Ihrem Bild, Kristall usw. ruhig hin. Entspannen Sie sich, kümmern Sie sich nicht um die äußere Welt, und konzentrieren Sie sich auf Ihr inneres Selbst.

Betrachten Sie aufmerksam und völlig bewußt das Bild. Sehen Sie das lebende Wesen dahinter. Wenn Sie sich das Bild eingeprägt haben, schließen Sie die Augen. Spüren Sie die Lebenskraft in diesem Bild, spenden Sie ihm Energie, und beobachten Sie, wie es lebendig wird. Konzentrieren Sie sich auf dieses lebende Wesen.

Heißen Sie Ihren Wächter willkommen. Bitten Sie ihn um Schutz und Kraft. Bitten Sie ihn, er möge da sein, wann immer Sie Hilfe benö-

---

[3] Die Illustratorin Judith Page hat wundervolle Bilder geeigneter Wesen gemalt. Siehe *Nützliche Anschriften*

tigen. Sagen Sie ihm, daß Sie ihn zum Leben erwecken wollen, und bitten Sie ihn um seine Zustimmung.

Machen Sie sich mit ihm vertraut. Sie können mit ihm ein Zeichen oder Symbol vereinbaren, mit dessen Hilfe Sie ihn jederzeit herbeirufen können. Wenn Sie möchten, fragen Sie Ihren Wächter nach seinem Namen.

Wenn Sie genügend Zeit mit dem Wächter verbracht haben, danken Sie ihm für sein Kommen und bitten Sie ihn noch einmal, für Sie da zu sein.

Richten Sie Ihre Aufmerksamkeit nun wieder auf das Zimmer, und lassen Sie den Wächter in Ihrem Geist zurück. Prüfen Sie, ob Ihr Schutzmantel in Ordnung ist und ob Sie vollständig in Ihrem Körper sind. Stehen Sie auf, gehen Sie hin und her, verbinden Sie sich wieder mit der Erde.

Rufen Sie Ihren Wächter einige Male ohne besonderen Anlaß, damit Sie wissen, daß Sie geschützt sind.

Wenn Ihnen das Visualisieren schwer fällt, bitten Sie Ihren Wächter, sich durch eine Empfindung oder Berührung zu melden. Spüren Sie das Wesen. Bitten Sie es um ein Zeichen. Mein Kopf begann zu prikkeln, und ich spürte eine Berühung an der Schulter, lange bevor ich etwas sah. Ich spürte, daß mir jemand einen Schutzmantel umlegte, noch ehe ich merkte, daß ich ihn benötigte.

So rufen Sie Sobek (siehe Umschlag) als Wächter

Setzen Sie sich bequem hin, und halten Sie dieses Buch in den Händen. Wenn Sie bereit sind, konzentrieren Sie sich auf das Titelbild. Sobek ist im Augenblick seiner Wiedergeburt und Erneuerung dargestellt. Energieblitze zucken. In den Händen hält er die alten Messer aus Feuerstein, die den ersten Menschen gehörten und die sie bei schützenden Riten benutzten. Mit diesen Messern ist Sobek unbesiegbar. Er wird Ihre Feinde besiegen, entweder mit den Messern oder mit den Blitzen.

Konzentrieren Sie sich auf Sobek. Spüren Sie, wie er zum Leben erwacht. Bitten Sie ihn demütig, Sie zu beschützen. Fordern Sie nicht, bitten Sie. Fragen Sie ihn, was er von Ihnen haben will. Er ist ein Gott aus dem alten Ägypten und erwartet Respekt und Opfer. Wenn Sie ihn ehren, wird er Ihnen helfen. Wenn Sie ihn mißbrauchen wollen, kann es sein, daß er seine schreckliche Energie gegen Sie richtet. Kommen Sie als Bittender zu ihm, und seien Sie bereit, ihm zu opfern, was er als Gott verlangt. Dann wird er Ihr treuer und unbesiegbarer Beschützer sein.

Stimmen Sie sich auf Sobek ein, fühlen Sie sich wohl bei ihm.

Wenn die Begegnung zu Ende ist, richten Sie Ihre Aufmerksamkeit wieder auf das Zimmer, und öffnen Sie die Augen. Überprüfen Sie Ihren Schutzmantel, und stehen Sie auf.

Wenn Ihnen das Visualisieren schwer fällt, behalten Sie Sobeks Bild in der Hand, wenn Sie ihn rufen.

So lösen Sie Gedankenformen auf

Lachen und Unglauben können Gedankenformen entmachten. Wenn Sie über etwas lachen, löst es sich auf, und wenn Sie nicht daran glauben, existiert es nicht. Aber dazu sind wir nicht immer fähig - unsere Furcht kommt uns in die Quere. Wenn wir die Furcht überwinden, sind wir geschützt. In der Zwischenzeit müssen wir uns verteidigen.

Im Laufe der Jahre habe ich viele Methoden gelernt, Gedankenformen aufzulösen. Meine Lieblingsmethode entwickelte ich spontan, als ich vor einigen Monaten Star Trek sah. Sie hat den Vorteil, daß sie einfach ist und schnell wirkt. Ein »übersinnlicher Laser« ist ein Energiestrahl, der Materie bei Bedarf sofort auflöst. Die Tatsache, daß er mit konzentrierter Gedankenkraft betrieben wird, ist im Grunde unerheblich. Wichtig ist, daß wir ihn lenken.

Wenn Sie den Laser einmal geschaffen haben, können Sie ihn immer wieder verwenden. Er hat verschiedene Stufen, so daß Sie damit auch »lähmen« oder etwas verschwinden lassen können. Sie brauchen den Laser nicht zu »sehen«, wenn Sie ihn benutzen möchten; es genügt zu wissen, daß er da ist. Gedankenformen sind nicht immer sichtbar, meist spüren wir nur ihre Anwesenheit. »Zielen« Sie einfach instinktiv mit dem Laser.

Der übersinnliche Laser

Stellen Sie sich einen kleinen schwarzen Gegenstand in Ihrer Hand vor. Spüren Sie sein Gewicht, seine runde Form, seine Glätte. Betrachten Sie ihn. Ein Gedanke genügt, und er verändert sich.

In der Mitte des Objektes ist ein großer roter Knopf. Drücken Sie darauf, und schon gibt der Laser einen Energiestrahl ab, der Ihr Ziel auflöst, entwaffnet oder wegschafft. Nach einiger Zeit brauchen Sie keinen Knopf mehr zu drücken; Ihre Gedanken tun es für Sie.

Stellen Sie sich nun einen Gurt vor, an den Sie den Laser hängen. Legen Sie ihn an, und tragen Sie ihn immer und überall. Üben Sie, den Laser in die Hand und zurück an den Gurt zu denken, und üben Sie, ihn auf Ihr Ziel zu richten, bis Sie sogar ein unsichtbares Objekt jederzeit präzise treffen.

Natürlich können auch Sie sich mit einem Schutzschild umgeben wie die »Enterprise«, mit einem Schild, der alles abwehrt, was Ihnen schaden will. Sie können die äußere Schicht Ihrer Aura so programmieren, daß sie negative Kräfte aller Art neutralisiert. Die Tat folgt dem Gedanken. Stellen Sie sich den Schild vor, und er existiert.

Psychische Angriffe

An psychische Angriffe denke ich meist erst, wenn es nicht anders geht. Ich vergesse gerne, wie überwältigend sie sein können. Zum Glück bin ich, soviel ich weiß, solchen Attacken erst dreimal ausgesetzt gewesen. Aber gelegentlich bin ich mit wütenden und rachsüchtigen Gedanken konfrontiert, die mich an die Notwendigkeit erinnern, mich zu schützen. Außerdem arbeite ich mit vielen Leuten, die angegriffen worden sind.

Während meiner Ausbildung bei Christine Hartley lernte ich Autofahren. Sie riet mir, mich mit einem Pentagramm zu schützen. Da ich ein echter Schütze bin, befolgte ich den Rat wörtlich und zeichnete im Geiste einen fünfzackigen Stern über dem Kopf, bevor ich ins Auto stieg. Einige Monate später passierte mir im Schnee ein Unfall. Ich blieb unverletzt, das Auto hatte Totalschaden. Als ich Christine fragte, was schief gegangen sei, fragte sie: »Hast du das Auto auch geschützt?« »Nein«, gestand ich. »Tja, dann tu es das nächste Mal«, meinte sie.

Ungefähr ein Jahr später beleidigte ich unabsichtlich einen ziemlich mächtigen Mann. Schützen tragen eben das Herz auf der Zunge. Damals wußte ich nicht, daß er ein praktizierender Magier war; aber mir fiel auf, daß die Atmosphäre um mich herum kühler geworden war und ich zu kleinen häuslichen Mißgeschicken neigte. Für alle Fälle verstärkte ich meinen Schutzschild und dachte nicht mehr an die Angelegenheit. Eine Woche später fuhr ich mit meiner Tochter und zwei alten Damen ganz links auf einer Autobahn. Ein PKW näherte sich auf dem Beschleunigungsstreifen, geriet auf unsere Fahrbahn und prallte seitlich auf mein Auto. Mein Fahrzeug schwankte ein wenig; aber weiter geschah nichts. Jetzt erst erzählte mir meine Tochter von einem Traum, den sie gehabt hatte: »Wir waren in deinem alten Mini, und ein Auto streifte uns. Wir kippten um und landeten auf der Gegenfahrbahn.«

Vielleicht hätte ich diesen Vorfall nicht mit einem übersinnlichen Angriff in Verbindung gebracht, wenn mich nicht zufällig ein Freund angerufen und erzählt hätte, er habe etwa um dieselbe Zeit genau den gleichen Unfall gehabt (nicht, daß ich an Zufälle glaube; ich ziehe den Ausdruck Synchronizität vor). Er hatte denselben Mann gegen sich aufgebracht, sogar noch ernstlicher. Vorsichtshalber hatte er sich ebenfalls geschützt. Er war von einem Sattelschlepper gestreift worden, aber unverletzt geblieben, und sein Auto kam wie meines mit einer verbeulten Tür davon. Wir waren uns nicht sicher, ob ein böswilliger Angriff oder ungezügelte Wut diese Unfälle ausgelöst hatte; aber wir glaubten, den Urheber zu kennen.

Heute umgebe ich mich und meine Mitfahrer einzeln mit Pentagrammen, wann immer ich reise, und das Fahrzeug bekommt ein besonders großes. Bisher hatte ich nur einige sehr kritische Beinahe-Unfälle, obwohl ich jedes Jahr Tausende von Meilen reise.

Fast zwanzig Jahre vergingen. Eines Tages brachte ich eine bekannte Perönlichkeit des »New Age« gegen mich auf. Er schäumte vor Wut und drohte, mich zu vernichten. Eine Gruppe von mächtigen Frauen unterstützte ihn. Eine Woge von Verwünschungen brach über mich herein. Aber diesmal wußte ich, daß man mich absichtlich angriff, und tat alles, um mich zu schützen. Der Mann und seine Gruppe waren sehr erfolgreiche Heiler, und diese Fähigkeit kann man auch für üble Zwekke mißbrauchen. Ich hielt ihn nicht für wirklich gefährlich; doch ich unterschätzte die vereinigte Macht der Gruppe. Nach sechs Wochen war ich völlig ausgelaugt. Ich konnte nicht mehr arbeiten, und alles in meinem Leben ging schief. Ich beschloß, nach Ägypten zu fliehen, weil ich einfach keine Lust mehr hatte, gegen diese Leute zu kämpfen. Eine riesige, eben ausgegrabene Statue eines kopflosen Krokodils war praktisch das erste, was ich in Ägypten sah. Es war Sobek, den ich damals noch für ein Symbol des Bösen hielt, der sich später aber für mich als Beschützer entpuppte. »Na bitte«, sagte mein Partner ungerührt. »Sie hat sich ihn vorgeknöpft. Nun ist er machtlos.« Ich lachte, bis ich Bauchweh bekam, und Lachen ist ein wundervolles Heilmittel. Nachdem mein Repertoire erschöpft war, hatte mein Partner nämlich mehrere vierzig Meter hohe Statuen der löwenköpfigen Göttin Sekhmet, menstruierend und mit Blut an den Reißzähnen, zum Haus meines Feindes geschickt (Skorpione haben eine so lebhafte Phantasie) und dort patrouillieren lassen. Er sandte sie als Wächterin, die nur angreifen sollte, wenn man sie provozierte. Wir hatten Witze über eine Prügelei zwischen alten ägyptischen Göttern gemacht, weil die attackierende Gruppe uns im Geiste immer als Sobek und der »Guru« als Seth (Sobeks Herr) erschienen war. Kaum hatte ich die Statue gesehen, fühlte ich mich wohler. Meine Gesundheit und mein Leben begannen sich zu bessern, und ich kehrte als neuer Mensch nach Hause zurück.

Als ich anfing, den Vorfall nüchtern zu betrachten, wurde mir klar, daß ich eine enorme Menge Energie darauf verschwendet hatte, mich zu »verteidigen«, anstatt einfach nur meinen Schutz aufrechtzuerhalten. Ich hatte mich zu sehr auf das Spiel meiner Feinde eingelassen, und sie waren mir kaum einmal aus dem Kopf gegangen. Heute frage ich mich, wie viele meiner Probleme ich dieser unangemessenen Aufmerksamkeit verdankte. Zudem hatte ich mich zu sehr auf diesen Mann konzentriert, weil ich zunächst nicht wußte, daß eine Frau ihm half. Ihre Energie konnte mich erreichen, weil ich mich mit ganzer Kraft gegen ihn wehrte. Ich erkannte auch, daß ich verwundbar gewesen war, weil man mich bedroht hatte und weil ich es zugelassen hatte, daß sich Furcht in mein Unterbewußtsein schlich. Ich wußte, daß der Mann überaus zornig und gewalttätig war, obwohl er seine Wut meist unter einer dünnen Schicht »Liebe« verbarg. Er hätte mich auch körperlich angreifen können, und darum hatte ich Angst. Angst öffnet Kanäle, durch die übersinnliche Energie uns erreichen kann, und oft führt sie genau das herbei, was wir fürchten. Die meisten sogenannten Flüche sind auf Autosuggestion angewiesen. Sie bleiben machtlos, wenn wir nichts von ihnen wissen, und der größte Teil ihrer Wirkung ist auf unsere Phantasie und unsere eigenen Gedanken zurückzuführen.

In diesem Fall hatte ich meinen Feinden Liebe gesandt, um ihre Energie zu transformieren. Aber bald merkte ich, daß sie diese Energie »umpolten« und für ihren Kampf benutzten. Erst als ich aufgab und meine Energie zurückzog, wurde ich frei.

Während ich dieses Buch schrieb, erinnerte mein Partner mich daran, daß er sich einige Zeit nach der Aussendung der Sekhmets plötzlich völlig erschöpft gefühlt hatte. Ich war damals ausgegangen, und als ich nach Hause kam, fiel mir ein, daß die beiden Bösewichte in der Nähe einen Vortrag hielten und unser Haus offenbar mit besonders starken Gedanken überschwemmten. Mein Partner schickte eine Sekhmet zu ihnen und bat die Göttin, die zwei nach Hause zu begleiten. Sofort kehrten seine Kräfte zurück. Ich erwähne diesen Vorfall, um darauf hinzuweisen, daß Sie Ihre Verteidigung nicht auf einen bestimmten Ort beschränken dürfen - diesen Fehler hatte mein Partner gemacht. Richten Sie Ihre Maßnahmen an die Person, die negative Schwingungen ausstrahlt.

Dies sind extreme Beispiele; aber viele Leute haben Ähnliches erlebt. Ich hatte kaum mit diesem Buch angefangen, da erzählte mir eine Frau, die an einem astrologischen Workshop teilnahm, eine erschreckende

Geschichte. Es ging um einen seit zwölf Jahren andauernden übersinnlichen Angriff, den sie trotz ihres guten Schutzes immer noch nicht ganz abgewehrt hatte. Sie mußte sich erst von der Person lösen, die sie angriff. Andere berichten von ähnlichen Erlebnissen. Ein Arzt, der eine Klinik für Drogensüchtige leitete, behandelte ein Mädchen, das sich mit einigen recht seltsamen Leuten eingelassen hatte. Sie war buchstäblich hilflos, unfähig, sich zum Telefon zu schleppen. Die Gruppe überschüttete sie mit negativer Energie, um sie zur Rückkehr zu zwingen. Zum Glück kam jemand zu Besuch, merkte, daß etwas nicht stimmte, und rief Hilfe herbei. Sie bekam einen schwarzen Turmalin, der nicht nur negative Energie reflektiert, sondern den Träger auch erdet. Das Mädchen erholte sich und litt unter keinen Schwierigkeiten mehr.

Eine Heilerin, die bei einer bekannten Gruppe arbeitete, erregte den Neid eines anderen Mitgliedes. Schließlich kam sie zu mir und fragte: »Können Sie mir das Messer aus dem Rücken ziehen?« Die Gedanken des anderen waren derart stark und gebündelt, daß die Frau glaubte, ein Messer stecke zwischen ihren Schulterblättern. Sie wußte, daß ein Heiler nicht unbedingt ein spirituell hochstehender Mensch sein muß und es in esoterischen Zirkeln ebenso viel Neid und Feindseligkeit gibt wie anderswo. Die bloße Zugehörigkeit zu einer derartigen Gruppe ist also kein ausreichender Schutz.

Andere psychische Angriffe sind weniger drastisch, aber ebenfalls kräfteraubend. Der Ursprung des Angriffs ist oft unbekannt. Wenn Sie vor solchen Angriffen Angst haben, hilft die Bush-Blütenessenz Grey Spider Flower (Cleome) Ihnen, auf Ihren Schutz zu vertrauen. Ein Rauchquarzkristall lindert Furcht, und es ist ratsam, ihn bei sich zu tragen.

Wenn Sie bösen Gedanken ausgesetzt sind, können Sie im Geiste einen Spiegel vor den Feind stellen, um die Energie zu reflektieren. Meist fühlt der Betreffende sich bald sehr krank, oft innerhalb von Stunden. Wenn Sie merken, daß Gedankenenergie in Ihr Haus eindringt, können Sie auch einen echten Spiegel aufstellen, um die Energie zur Quelle zurückzusenden. Was den bereits erwähnten »New-Age-Guru« betrifft, so mußte ich den mentalen Spiegel immer näher an ihn heranrücken. Schließlich steckte ich den Mann in eine große Dose mit Spiegelwand und schloß den Deckel. Da ich ein gutes inneres Auge besitze, sah ich geradezu, wie die Dose sich wölbte, als sei sie Popeyes Spinatdose. Ich brauchte eine Tonne Ketten, um sie zu befestigen, als die Wut des Mannes kein Ventil mehr fand. Als ich nach einiger Zeit meine Verbindung zu ihr abbrach, fiel er wie ein durchlöcherter Luftballon zusammen. Er hatte wenig eigene Macht besessen und lediglich die Energie anderer angezapft. Als ich ihm diese Energie wegnahm, verlor er seine Macht.

Um negative Gedanken zu absorbieren, können Sie sich eine Kugel aus einer baumwollähnlichen Substanz vorstellen, die zwischen Ihnen und der anderen Person liegt. Dann visualisieren Sie, wie dieser Ball die negative Energie verbrennt oder mit Wasser fortspült. Hilfreich bei negativen Emotionen sind farbige Kugeln: rot bei Wut, purpur bei Groll, grün bei Eifersucht und so weiter. Die Kugel (die Sie nicht berührt) zieht die Emotion magnetisch an, und wenn sie gefüllt ist, steigt sie wie ein Ballon in den Himmel und verteilt ihren Inhalt in Form von harmlosen Tropfen über ein weites Gebiet. Mein Partner, der wissenschaftlich ausgebildet ist, stellt sich gerne eine breite Barriere aus Blei vor, die sich zwischen ihm und dem anderen befindet und keine unerwünschte Energie durchläßt.

Auch Kristalle reflektieren negative Gedanken. Sie können einen neben sich legen oder immer bei sich tragen. Schwarzer Obsidian absorbiert negative Energie. Gagat ist ein hervorragender Schild, ebenso schwarze Jade. Sie können auch einen Amethyst oder Quarzkristall um den Hals hängen. Diese Steine werden seit Jahrtausenden zu diesem Zweck benutzt.

Wenn der Angriff nicht sehr stark ist, haben liebevolle Gedanken oft eine verblüffende Wirkung; sie können eine vollständige Wende herbeiführen. Strahlen Sie die Liebe ständig aus, konzentrieren Sie sich gelegentlich darauf, und sehen Sie den anderen als glücklichen Menschen mit liebevollen Gedanken. Diese Methode hilft aber nur, wenn die Liebe aus dem Herzen kommt. Wenn Sie zweifeln oder insgeheim feindselig sind, haben Sie keinen Erfolg damit. Sie können jedoch niemanden zwingen, Sie zu lieben - das wäre ein Verstoß gegen die spirituellen Gesetze.

In einer vollkommenen Welt gäbe es nur liebevolle Beziehungen und keine bösen Gedanken, also auch keine übersinnlichen Angriffe. Davon sind wir leider noch weit entfernt; aber wir können solchen Attacken vorbeugen, indem wir schon Kindern beibringen, wie mächtig Gedanken sind. Und wenn wir die Aura stärken, können wir dafür sorgen, daß sie nichts Negatives durchläßt. Die »Grüne Pyramide« (siehe Seite 61) ist sehr wirksam bei psychischen Angriffen, ebenso die »Mumie«. Aber Sie können sich schützende Bilder und Symbole auch selbst ausdenken.

Ein Symbol sollte eine tiefe Bedeutung für Sie haben. Für Christen ist ein Kruzifix oder Kreuz geeignet; ich habe gute Erfahrungen mit der Göttin Sekhmet gemacht.

Die subtile Heilkraft von Blütenessenzen kann bei psychischen Angriffen überaus hilfreich sein. Eine Mischung aus den Bush-Blütenessenzen Gray Spider Flower und Fringed Violet schützt nicht nur vor Angst, sondern stärkt auch die Aura, unseren natürlichen Schild.

Nicht alle Attacken kommen von außen. Wenn wir Teile unseres Selbstes hartnäckig ignorieren oder zurückweisen, kann es sein, daß wir unter dem Verhalten anderer leiden müssen, das unsere seelischen Störungen widerspiegelt. Dann empfinden wir womöglich eine überwältigende Angst, die scheinbar aus dem Nichts, in Wahrheit aber aus unserem Inneren kommt. Wir müssen vernachlässigte Aspekte unseres Selbstes erforschen und sie im Bewußtsein willkommen heißen, anstatt uns gegen sie zu wehren. Dabei brauchen wir die Hilfe eines geschulten Führers oder Therapeuten; aber ein Malachit-Kristall absorbiert einen Teil unserer negativen Energie, und ein Milchquarz stellt die Verbindung mit dem Unterbewußtsein her. Schwarzer Obsidian bringt verborgene Ängste an die Oberfläche. Meiner Erfahrung nach ist die Psychosynthese hilfreich, aber andere Methoden stehen ihr nicht nach. »Erkenne dich selbst«, forderte das Orakel zu Delphi. Dieser Rat ist heute noch gültig. Selbsterkenntnis ist einer der besten Schutzschilde, die es gibt, weil sie uns weniger anfällig für psychische Angriffe von außen und von innen macht. Auch hierbei können Blütenessenzen helfen; denn sie befreien blockierte Emotionen auf sanfte Weise. Es empfiehlt sich, einen qualifizierten Therapeuten aufzusuchen; aber im Kapitel über Essenzen finden Sie einige nützliche Arzneien, die erste Hilfe leisten können.

Ein psychischer Angriff muß nicht von einer lebenden Person ausgehen. Mich hat einmal eine Gruppe von Teenagern um Hilfe gebeten. Sie hatten in einem ehemaligen Polizeirevier mit einem Ouija-Brett gespielt und dabei äußerst unangenehme Energien wachgerufen - und unfreundliche Wesenheiten. Unter diesen Wesen befand sich die Seele eines Mörders, der im Revier an einem Herzanfall gestorben war (spätere Nachforschungen bestätigten es). Er war zornig, aber auch froh, daß er seinem Zorn Luft verschaffen konnte. Als Poltergeist war er ein besonderes Problem; denn einer der Jugendlichen wohnte in dem Haus und wurde ständig mit allerlei Gegenständen beworfen. In seiner Wohnung hatten die jungen Leute auch das Ouija-Brett benutzt, und auf diese Räume konzentrierten sich die Vorfälle, obwohl alle anderen ebenfalls ab und zu von fliegenden Objekten belästigt wurden. Sie litten alle an Alpträumen, spürten fremde, destruktive Gedanken und wurden immer deprimierter.

Als ich eingriff, waren zwei Maßnahmen vordringlich. Erstens mußte ich diese Seele und einige andere wegschicken, und zweitens mußte ich die Gruppe unverzüglich schützen. Dann konnten wir beginnen, die Wohnung zu reinigen und die Energien im Haus zu beseitigen.

Wir arbeiteten daran, die Aura zu stärken und einen sicheren Raum zu schaffen. Dabei benutzten wir die Licht-Methode, verbrannten Weihrauch und verteilten Kristalle in der Wohnung. Letztere dienten vor allem dazu, den Jugendlichen Mut zu machen und die richtige Atmosphäre zu erzeugen. Aber ich habe festgestellt, daß Kristalle durchaus negative Energie absorbieren und bei der Reinigung helfen. Dann bat ich die Gruppe, sich ruhig hinzusetzen und sich etwas vorzustellen, was ihnen Sicherheit vermittelte. Einer dachte an eine glänzende neue Mülltonne nebst Deckel, auf dem man trommeln konnte, wenn Gefahr drohte. Ich hielt eine Rüstung für geeigneter, und lautes Gelächter folgte seiner Bemerkung, Geister wüßten womöglich, wie man Dosenöffner benutzt. Ein anderer wählte einen Raumanzug - eine gute Idee, weil er sehen konnte und über Funkkontakt verfügte. Ein dritter entschied sich für einen elektrischen Käfig, ein vierter für einen Schild und ein Schwert, das eher einem Star-Trek-Laser glich. Ein Mädchen verbarg sich in einem Kristall mit einem kleinen Fenster, durch das sie die Außenwelt beobachten konnte; ein anderes schlüpfte in ein Ei. Die dritte sah sich als Mumie, von Bandagen aus Licht geschützt. Es faszinierte mich, wie universell diese Bilder waren. Die jungen Leute hatten unbewußt einige schützende Instrumente ausgesucht, die man in okkulten Kreisen seit vielen Jahrhunderten benutzt. Das ist allerdings keine Überraschung, wenn man - wie ich - an Wiedergeburt glaubt.

Sobald sich alle in ihrer schützenden Hülle befanden, konnte ich mit den Wesen reden, die das Ouija-Brett angelockt hatte. Das ist keine Arbeit für Amateure, und wenn Sie jemals in solche Schwierigkeiten geraten, sollten Sie unbedingt einen Fachmann zu Hilfe rufen. Achten Sie aber darauf, daß den Seelen der richtige Weg gewiesen wird und man sie nicht lediglich von einem bestimmten Ort verbannt - dann werden sie nämlich noch zorniger und suchen sich woanders ein neues Opfer.

Die Wirkung auf die Teenager war drastisch und setzte sofort ein. Die Depressionen verschwanden, die fremden Gedanken verstummten, und die Alpträume hörten auf. Gegenstände blieben dort, wo sie hingehörten. Aber sie baten mich, ihnen das Meditieren beizubringen, und zwei von ihnen wurden schließlich Heiler. Menschen mit starker übersinnlicher Energie lösen offenbar übersinnliche Ereignisse in ihrer Umwelt aus, ohne es zu wissen. Daraus können wir lernen, daß es außer der materiellen noch andere Existenzebenen gibt und daß wir tatsächlich einen Schutzschirm benötigen.

Damals durchflutete ich das Gebäude in der Meditation mit Licht, um es zu reinigen. Ich erfüllte es mit Weihrauchduft, segnete es und weihte es den höchsten spirituellen Energien. Außerdem strich der junge Mann, der in dem Haus wohnte, auf meinen Rat hin sein Zimmer anders an (es war schwarz!); er entfernte die dunklen Jalousien von den Fenstern und ließ Sonnenlicht und frische Luft herein (das stärkt die Seele mehr als alles andere). Heute würde ich wohl Crystal-Clear-Essenz versprühen, die sich sehr gut dafür eignet, Kristalle, Räume, Menschen und alles andere zu reinigen. Man löst ein paar Tropfen in Wasser und versprüht die Mischung mit einer Sprayflasche - das wirkt Wunder. Außerdem würde ich die geopathischen Energien des Ortes prüfen lassen; denn bestimmte geopathisch belastete Plätze locken verirrte Seelen an und begünstigen übersinnliche Aktivitäten.

Die folgende Übung, die »grüne Pyramide«, verdanke ich einem Hypnose-Therapeuten, mit dem ich befreundet bin. Ich habe die Pyramide meinen Bedürfnissen angepaßt. An den Ecken habe ich beispielsweise Räder angebracht, damit ich die Pyramide leichter bewegen kann. Eine Klientin benötigte eine Tür, um hinein- und hinausgehen zu können. Sie besaß eine massive Pyramide, die ihr Haus schützte, eine zweite für sich selbst und ihren Hund und eine dritte für ihr Auto. Als sie versuchte, sich von einem besonders hartnäckigen und deprimierten Freund zu trennen, empfand sie seine Gedankenenergie als klebrige graue Greifarme, die unter der Tür ins Haus kriechen wollten. Darum setzte sie die Pyramide außen unter Strom und zäunte sie ein. Später kam eine Freudin bei ihr vorbei und fragte: »Was zum Teufel hast du gemacht? Mir war, als müßte ich mich zur Türklingel durchkämpfen!« Es wirkte also. Der Exfreund hörte auf, sie unter Vorwänden zu besuchen (»Ich war zufällig in der Nähe und wollte nur mal sehen, wie es dir geht.«).

Wenn Sie diese Übung machen, dürfen Sie nicht vergessen, daß der

Boden der Pyramide sich unterhalb Ihrer Füße und unterhalb Ihres Hauses befinden muß. Am besten machen Sie die Übung ein paar Tage lang morgens und abends und prüfen dann, ob die Pyramide sich immer noch an Ort und Stelle befindet. Abends können Sie während der Übung liegen und hinterher einschlafen.

Die grüne Pyramide

Setzen Sie sich bequem in einen Sessel, oder legen Sie sich ins Bett. Entspannen Sie sich, atmen Sie ruhig und gleichmäßig. Schließen Sie sanft die Augen, und legen Sie die Hände locker in den Schoß. Lösen Sie sich allmählich von der äußeren Welt, und konzentrieren Sie sich auf Ihr Inneres.

Wenn Sie bereit sind, stellen Sie sich vor, Sie oder Ihr Zimmer seien von einer durchsichtigen grünen Pyramide umgeben. Sie ist hohl, und ihre Seiten sind stark und fest. Die Basis befindet sich unterhalb Ihrer Füße, die Spitze über dem Kopf. Achten Sie darauf, daß alle Seiten vorhanden sind und die Basis geschlossen ist.

Sie befinden sie in dieser Pyramide, und ihre uralte Energie schützt Sie. Wenn Sie umhergehen wollen, statten Sie die Pyramide mit Rädern aus. Wenn Sie mehr sehen möchten, geben Sie ihr ein Fenster oder eine Tür.

Verbringen Sie einige Minuten in diesem sicheren Raum, und genießen Sie Ihre Empfindungen. Pyramiden sind machtvolle Orte der Heilung. Die Pyramidenenergie neutralisiert schädliche Gedanken oder Schwingungen anderer Leute.

Wenn Sie Ihre Aufmerksamkeit wieder langsam auf das Zimmer lenken, denken Sie daran, daß die Energie der Pyramide bei Ihnen bleibt und Sie schützt, wann immer es notwendig ist. Nichts kann in die Pyramide eindringen, es sei denn, Sie lassen es zu.

Wenn Sie die Übung beendet haben, schauen Sie sich um, und machen Sie sich mit Ihrer Umgebung vertraut. Vergewissern Sie sich, daß die Pyramide Sie noch immer umgibt, und stehen Sie dann auf, oder schlafen Sie.

Wenn das Visualisieren Ihnen schwer fällt, machen Sie ein kleines Modell einer Pyramide oder halten einen pyramidenförmigen Stein in der Hand. Untersuchen Sie ihn mit den Fingern, bis Sie seine Form genau kennen und wissen, wie eine Pyramide sich anfühlt. Spüren Sie, wie die hohle Pyramide immer größer wird und Sie schließlich ganz einhüllt.

Meditation

Meditation ist spirituelle Kommunikation. Wenn wir imstande sind, unseren Geist zu beruhigen, können wir mit den höheren Kräften Verbindung aufnehmen und unser Bewußtsein auf die spirituellen Ebenen versetzen. Dieser Kontakt kann ein Augenblick der Glückseligkeit sein, ein tiefer innerer Frieden oder eine neue Erkenntnis. Wir können auch tief in unser Selbst eindringen und mit unserer unbewußten, göttlichen Energie Kontakt aufnehmen. Wenn wir unser spirituelles und übersinnliches Zentrum öffnen, sind wir unerwünschten inneren oder äußeren Energien ausgeliefert. Wir können uns schützen, wenn wir klare Absichten haben, uns selbst gut kennen und uns mit den höchsten Ebenen verbinden.

Stärken Sie vor der Meditation immer Ihre Aura, und aktivieren Sie ihren natürlichen Schutz. Suchen Sie Kontakt mit Ihrem höheren Selbst und der universellen spirituellen Energie (einerlei, welchen Namen Sie ihr geben).

Wichtig ist es auch, sich nach dem Meditieren »abzuschotten« und sich bewußt mit dem Körper zu verbinden; nur dann sind wir vor geistigen Invasoren geschützt. Schließen Sie also nach jeder Meditation die Chakras, und prüfen Sie, ob Ihre erdende Schnur am richtigen Platz ist. Diese Kordel reicht tief in die Erde hinein und ermöglicht es Ihnen, inkarniert zu bleiben. Nehmen Sie Ihren Körper bewußt wieder in Besitz, und stellen Sie die Füße fest auf den Boden. Sie können auch mit den Füßen stampfen, um ihre Verbindung mit der Erde zu erneuern.

Die Findhorn-Blütenessenz »Clear Light« (klares Licht) wurde eigens dafür geschaffen, einen friedlichen Bewußtseinszustand und geistige Klarheit herbeizuführen, um die Meditation zu fördern. »Wenn Herz, Körper und Geist ruhig und aufeinander eingestimmt sind, bildet sich ein Kanal, durch den wir die Intuition, das höhere Selbst und den universellen Geist erreichen können.« Die Bush-Blütenessenz »Meditation« wurde geschaffen, um »die innere Intelligenz des Körpers anzuzapfen, die Aura zu schützen, die intuitiven und spirituellen Fähigkeiten zu wekken und die Kommunikation mit dem höheren Selbst zu fördern. Sie enthält Red Lily (rote Lilie), um das Kronen-Chakra zu öffnen und dennoch mit den Beinen auf der Erde zu bleiben.« Bush Iris (Busch-Iris) öffnet die Tür zu höheren Wahrnehmungen und zur Spiritualität; sie beseitigt Blockaden im Wurzel-, Kehlkopf-, Stirn- und Kronen-Chakra und stärkt das Vertrauen. Eine Kombination der Bush-Blütenessenzen Fringed Violet und Flannel Flower (Flanellblume) hilft Ihnen, die Chakras nach der Meditation zu schließen. Wenn es Ihnen schwer fällt, lange still zu sitzen, hilft Ihnen Black Eyed Susan (Schwarzäugige Susanne), sich zu entspannen und auf Ihr ruhiges inneres Zentrum einzustimmen.

Während der Meditation kann es zu unangenehmen Erlebnissen kommen; aber kaum jemand bereitet uns darauf vor. Unter Meditation verstehe ich jeden Prozeß, der einen höheren Bewußtseinszustand anstrebt, einerlei mit welcher Methode. Manche nutzen Mantras, um Gedanken und Bilder loszuwerden, für andere sind Bilder eine Hilfe auf dem Weg nach innen. Manche beruhigen den Geist durch Laute oder durch Stille. Wir müssen uns mit den geistigen Bildern befassen, die sich beim Meditieren einstellen können. Sie gelten oft als Müll, den man wegwirft, oder als »äußere Einflüsse«, gegen die man sich wehren muß. Doch diese Bilder sind mitunter wertvoll.

Einige Bilder sind positiv, auch wenn uns das zunächst nicht bewußt ist. Das gilt zum Beispiel für das Auge, das sich langsam öffnet und uns betrachtet, ohne zu blinzeln (es kann sich durchaus als innerer Führer herausstellen), oder die verhüllte Gestalt am Rand des Bewußtseins. Andere Bilder kommen sofort und sind beängstigend. Die grotesken, grinsenden Gesichter, die auf uns lauern, gleichen Computergraphiken im Nebel. Diese Gesichter erscheinen auch im hypnagogischen Stadium des Schlafs, kurz vor dem Einschlafen oder Aufwachen. Diese Phase des Schlafs oder der Meditation ist meist nur sehr kurz; aber manchmal bleiben die Fratzen länger und lösen Unbehagen aus.

Solche Gesichter können auch in Halluzinationen von Drogensüchtigen auftauchen, wenn Unbewußtes an die Oberfläche dringt. Im Gegensatz zu ihnen, hat der Meditierende jedoch Macht über diesen unbewußten »Frühjahrsputz« und kann von dem Erlebnis profitieren. Wenn Sie den Dingen ihren Lauf lassen, sie aber bewußt bis zum Schluß steuern und vielleicht sogar die Fratzen durch angenehme Bilder ersetzen, können Sie sich von inneren Dämonen befreien. Selbst wenn die Gesichter verschwunden sind, können vage Ängste zurückbleiben, die Sie zerstreuen müssen.

Natürlich ist es möglich, die unteren Bewußtseinsebenen schnell hinter sich zu lassen und die höheren Ebenen zu erreichen, wo Glückseligkeit und Erleuchtung herrschen - das Ziel der Meditation. Da Gleiches sich anzieht, gelangen Sie auf die höheren Ebenen, wenn Sie bewußt danach streben. Es kann jedoch sinnvoll sein, die unteren Ebenen nicht zu rasch zu verlassen, sondern sich durch Beobachten, jedoch ohne zuviel Engagement, mit diesen weniger bekannten Aspekten des Bewußtseins vertraut zu machen und vergessene Teile des Selbstes wieder zu integrieren. Wenn wir uns entspannen und uns öffnen, steigen diese Gedankenformen als Symbole, Bilder oder unbestimmte Ängste zum Bewußtsein empor, und wir können sie untersuchen und ihre Nützlichkeit prüfen. Wenn sie unbrauchbar sind, können wir sie mit dem »Laser« auslöschen; wenn sie wertvoll sind, können wir mit ihnen arbeiten. Diese verlorenen Teile lauern in einem Winkel unseres Geistes und bedrohen uns durch ihre bloße Existenz. Darum ist Selbsterkenntnis der beste Schutz.

Der »Schatten« des Menschen ist ein wissenschaftlich erwiesenes Phänomen. Alle abgelehnten und verachteten Teile des Selbstes, alles, was »nicht nett«, »nicht akzeptabel« oder »unsauber« ist, verdrängen wir ins Unterbewußtsein. Alle negativen Emotionen wie Schuldgefühle, Selbstverachtung und Scham heften sich an den Schatten, der zusammen mit vergessenen Erinnerungen und Persönlichkeitsresten aus der Vergangenheit im Unterbewußtsein lebt. Der Schatten enthält jedoch auch manches Wertvolle. Leider hat das »New Age« alles Dunkle als böse abgestempelt - alles muß hell und strahlend sein. Wir haben vergessen, das Dunkle anzunehmen. Wir haben das Gleichgewicht zwischen Yin und Yang verloren. In der Meditation müssen wir vielleicht im Dunkeln sitzen wie der keimende Samen, der ohne Licht am besten sprießt. Die Meditation ist eine gute Gelegenheit, sowohl unser spirituelles Licht als auch unsere dunkle Seite zu pflegen.

Wir dürfen die Dunkelheit nicht vorschnell ausrotten. Sie ist der Urgrund unseres Seins. Wir dürfen sie auch nicht immer nach draußen projizieren, auf die bösen anderen. Manche übersinnlichen Angriffe sind in Wahrheit verdrängte Teile unseres Selbstes. In der Meditation werden sie uns oft bewußt; denn dies ist für sie die einzige Chance, unsere Aufmerksamkeit zu wecken. Oft erscheinen sie als grinsende, groteske Fratzen.

Gesichts-Reinigung

Sobald die Gesichter zum Bewußtsein aufsteigen, bremsen Sie ihren Tanz und konzentrieren sich auf jedes einzeln. (Das erfordert ein wenig Übung.

Oft hilft es, wenn Sie sie - wie ein Video - per Fernsteuerung auf »Pause« schalten.) Akzeptieren Sie das Gesicht. Senden Sie ihm Liebe. Segnen Sie es. Erlauben Sie ihm dann, seiner Wege zu gehen. Es ist durchaus möglich, daß ein Gesicht, das Sie gesegnet haben, sich verwandelt und weniger grotesk wirkt.

Nach einiger Zeit spricht ein Gesicht vielleicht mit Ihnen. Fragen Sie es, was es Ihnen zu geben hat, welches Wissen es Ihnen bringt, welcher abgelehnte Teil Ihres Selbstes anerkannt werden möchte. Umarmen Sie diesen Teil, akzeptieren Sie das Geschenk und Ihr inneres Wissen.

Wenn ein Gesicht besonders unangenehm und hartnäckig ist, können Sie es an eine Wandtafel projizieren. Nehmen Sie einen Radiergummi, radieren Sie es Stück für Stück aus, und ersetzen Sie es durch Licht. Oder schalten Sie den Projektor aus und beobachten Sie, wie das Gesicht sich auflöst.

Sie können das Gesicht auch durch etwas Angenehmeres ersetzen, zum Beispiel durch eine schöne Blume oder das Bild eines geliebten Tieres. Mit der Zeit lernen Sie, das Groteske sofort in Schönheit zu verwandeln - und eines Tages werden Sie die Schönheit im Grotesken erkennen.

Wenn Ihnen das Visualisieren schwer fällt, werden Sie wohl kaum Gesichter sehen; aber vielleicht fühlen Sie sich unruhig oder unwohl. Diese Empfindung können Sie mit geeigneter Musik vertreiben.

Nicht nur mir unseren inneren Dämonen müssen wir uns in der Meditation auseinandersetzen. Die Existenzebenen, die der Erde am nächsten sind - die astralen Ebenen -, trennt nur ein dünner Schleier von der materiellen Welt. Wenn wir unsere Schwingungen verfeinern, indem wir bewußt nach dem Spirituellen streben, strahlt unser »spirituelles Licht« wie ein Leuchtturm und erreicht auch diese Ebenen. Es kann sein, daß es »unerwünschte Elemente« anlockt, so wie wir hoch entwickelte Seelen anziehen, wenn wir spirituelle Fortschritte machen. Wenn wir auf der astralen Ebene bleiben, sind unsere Einsichten, die empfangenen Botschaften und die sogenannten spirituellen Erlebnisse oft alles andere als spirituell. Weil diese unteren Ebenen uns benachbart sind, was die Schwingung angeht, können auch ihre Bewohner sich am leichtesten mit uns in Verbindung setzen.

Daß »der Tod kein Wundermittel gegen Dummheit ist«, erklärt vielleicht, warum viele Botschaften, vor allem die beim Channelling übermittelten, so wirr, sonderbar und phantastisch sind. Dieses Phänomen ist nicht neu; es hat heute nur einen anderen Namen. Vor Jahren waren es »Geistführer«, davor Orakel der Götter. Der gesunde Menschenverstand ist der beste Schutz dagegen; aber auch wenn Sie sich bemühen, die eigenen Schwingungen zu verfeinern, können Sie Gefahren ausweichen und sicherstellen, daß Ihre Einsichten aus den höchsten Quellen kommen. Wenn Sie dennoch weniger angenehmen Bewohnern der unteren Ebenen begegnen, schützen Sie sich mit Ihrem »Laser«.

Die Reinigung des Unterbewußtseins

Da viele Bedrohungen und vage Ängste, denen wir auf der übersinnlichen Ebene begegnen, aus unserem Unterbewußtsein stammen, können wir uns um so besser schützen, je gründlicher wir diesen Teil unseres Seins reinigen. Das bedeutet jedoch nicht, daß wir die »unakzeptablen« Teile unseres Selbstes und unserer Ängste noch mehr unterdrücken. Wir lösen uns vielmehr von ihnen, weil wir über sie hinausgewachsen sind, und wir setzen uns mit Aspekten unseres Selbstes auseinander, die uns unbekannt waren. Wir müssen unseren Schatten akzeptieren und einsehen, daß wir im Grunde mit ihm eins sind.

Ein Teil dieser Arbeit bleibt der Psychotherapie und der tiefen Innenschau überlassen; aber wir können diese Prozesse durch schöpferisches Visualisieren, Blütenessenzen und Kristalle unterstützen. Die Bush-Blütenessenz Billy Goat Plum (Ziegenbockpflaume) hilft, unterdrückte Emotionen aufzudecken und Schuldgefühle zu beseitigen, deren Ursache sexuelle Probleme und Unbehagen über den physischen Körper sind. Die Essenz Dagger Hakea (Dolch-Hakea) hilft Ihnen, sich von altem Groll und alter Bitterkeit zu lösen, und Five Corners stärkt das Selbstwertgefühl und die Liebe zu sich selbst. Die FES-Arznei Chaparral beseitigt übersinnliche Vergiftungen, und Sunshine Wattle (Sonnenakazie) macht es Ihnen leichter, sich von der Vergangenheit zu lösen. Diese Arzneien können Sie vor der folgenden Übung nehmen. Danach hilft Ihnen eine Dosis Crowea, den physischen Körper wieder mit den subtilen Körpern zu vereinigen. Ein Kristall aus Milchquarz erleichtert den Kontakt mit dem Unterbewußtsein, und ein Aquamarin lindert Furcht und Phobien. Sie können während der folgenden Übung einen Kristall in der Hand halten.

Bleiben Sie Ihres Körpers bewußt, während Sie den Anleitungen folgen. Nicht alle Inhalte des Unterbewußtseins wohnen im Kopf; viele sind in den Muskeln und Knochen gespeichert. Der Körper hat sein eigenes Gedächtnis, das wir respektieren müssen.

Übung

Sorgen Sie dafür, daß Sie nicht gestört werden, und setzen Sie sich bequem in einen Sessel. Stellen Sie die Füße fest auf den Boden. Nehmen Sie sich Zeit, sich zu entspannen. Verbinden Sie sich bewußt mit dem Chakra unterhalb der Füße, um geerdet zu bleiben. Atmen Sie alle Verspannungen und Ängste aus, die Sie spüren, und beobachten Sie, wie alles Negative Sie beim Ausatmen als grauer Nebel verläßt.

Eine Lichtsäule hüllt Sie ein - aber dieses Licht ist dunkel, warm, flüssig, samtig. Lassen Sie das dunkle Licht in alle Bereiche Ihres Seins eindringen. Ziehen Sie es durch den Scheitel ein, bis es den Schädel füllt. Lassen Sie es durchs Gehirn, durchs Bewußtsein und dann tief ins Unterbewußtsein strömen, bis die samtige Dunkelheit Körper, Seele und Geist erfüllt.

Ziehen Sie das dunkle Licht weiter hinab, so daß es jeden Teil, jedes Organ und jede Faser Ihres Seins durchdringt und einhüllt, und lassen Sie es dann durch den Brustkorb, den Bauch und die Beine bis zu den Zehen dringen.

Folgen Sie dem dunklen Licht bewußt. Lassen Sie es in die Tiefen des Unterbewußtseins und durch den Solarplexus in den Emotionalkörper fließen. Öffnen Sie dem Licht die Tiefen Ihres Seins.

Verfolgen Sie, wie das dunkle Licht alle Schlacken und Unreinheiten, alle negativen Erinnerungen, Gedanken und Emotionen absorbiert. Fühlen Sie die liebevolle Wärme des dunklen Lichts, das behutsam alle Disharmonien auflöst. Vertrauen Sie dem dunklen Licht Ihre Angst, Ihre Verletzlichkeit, ihre nicht akzeptierten Wünsche an, ebenso alle unbewußten Blockaden, die der Körper gespeichert hat. Kein Teil Ihres Seins darf dem dunklen Licht verborgen bleiben; denn es liebt sie alle. Spüren Sie seine heilende Berührung.

Wenn Gedanken, Gefühle und Ängste ins Bewußtsein emporsteigen, nehmen Sie sie an, ohne zu urteilen, und beobachten Sie, wie sie sich im dunklen Licht auflösen.

Fürchten Sie sich nicht davor, sich selbst in Ihrer Ganzheit zu erfahren - mit allem, was dunkel und licht, akzeptiert und abgelehnt, gut und schlecht, bekannt und unbekannt ist. Das dunkle Licht hilft Ihnen, das Gleichgewicht zu finden, die ruhige Mitte, um die alles sich ohne Ende dreht.

Bleiben Sie eine Weile im Zentrum der Dunkelheit sitzen. Fühlen Sie, wie das flüssige Licht Sie durchströmt. Nehmen Sie sich Zeit, bis dieser Prozeß abgeschlossen ist.

Lassen Sie das Licht dann durch die Füße in die aufnahmebereite Erde fließen - und mit ihm alle giftigen Schlacken aus dem Unterbewußtsein. Jetzt ist Ihr Geist sauber, heil und geläutert.

Verschließen Sie das Scheitel-Chakra und das Chakra unter den Füßen mit Licht, und hüllen Sie sich in einen schützenden Mantel, der auch die Aura umgibt. Atmen Sie etwas tiefer, bewegen Sie sich, und richten Sie Ihre Aufmerksamkeit wieder auf Ihre Umgebung.

Wenn das Visualisieren Ihnen schwer fällt, brauchen Sie das dunkle Licht nicht zu sehen. Spüren Sie, wie es Sie durchströmt, und folgen Sie ihm anhand Ihrer körperlichen Reaktionen. Achten Sie darauf, wie Energien sich wandeln und auflösen, wenn das Licht weiterfließt. Atmen Sie tief im Bauch, und lassen Sie alles Negative beim Ausatmen hinausströmen, damit es sich in der Luft auflöst.

Die Begegnung mit dem Saboteur

Trotz aller Bemühungen zu wachsen, beherbergen wir im Inneren Gestalten aus der Vergangenheit. Einst mögen sie eine positive, schützende Rolle gespielt haben; nun aber sind sie erstarrt. Wir sind über sie hinausgewachsen; doch sie sind hartnäckig und leben in einem Winkel des Geistes weiter. Eine dieser Figuren ist der Saboteur, der uns immer dann ein Bein stellt, wenn wir kurz vor dem Erfolg stehen. Er benimmt sich wie eine sehr negative, kritische und destruktive Person. Und doch - wenn es uns gelingt, mit ihm zu reden, stellen wir fest, daß er aus seiner Sicht gute Gründe für sein Tun hat, wenngleich diese Gründe inzwischen überholt sein mögen. Trotzdem können wir noch von ihm lernen, und vielleicht können wir ihm eine sinnvollere Rolle in unserem Leben vermitteln. Immerhin existiert er vor allem deshalb, weil er uns schützen will.

Auf der feinstofflichen Ebene hilft die Bush-Blütenessenz Five Corners, Sabotage zu neutralisieren; darum lohnt es sich, diese Arznei vor der Übung zu nehmen. In den zwei folgenden Wochen sind täglich zwei Dosen zu empfehlen.

Übung

Sorgen Sie dafür, daß Sie nicht gestört werden. Setzen Sie sich in einen bequemen Sessel, und entspannen Sie sich. Öffnen Sie das Wurzel-Chakra, um mit der Erde und dem Körper in Kontakt zu bleiben.

Wenn Sie bereit sind, visualisieren Sie ein altes Haus. Öffnen Sie die Tür, und gehen Sie hinein. Es riecht ein wenig muffig, und überall liegt Staub. Gehen Sie durch die alten Zimmer.

Sie müssen den Saboteur suchen. Er kann im Keller, unter der Treppe oder auf dem Dachboden lauern. Bitten Sie um Führung.

Wenn Sie ihn gefunden haben, gehen Sie zu ihm ins Zimmer. Anfangs möchte er vielleicht nicht sprechen, oder er verhält sich sogar feindselig. Seien Sie geduldig. Versichern Sie ihm, daß Sie gekommen sind, um ihn anzuhören. Fragen Sie ihn nach seiner Rolle in Ihrem Leben. Warum ist er entstanden, was war seine Funktion, und was taten Sie damals? Sie werden sehen, daß es einen guten Grund für sein Wirken gab (er war also nicht immer ein Saboteur) und daß Sie in diesem Lebensbereich möglicherweise immer noch Hilfe und Einsicht brauchen, weil Sie sich selbst zum Stolpern bringen.

Wenn Sie erfahren haben, welchen Umständen er seine Existenz verdankt, untersuchen Sie, welche Rolle er heute in Ihrem Leben spielt. Untersuchen Sie seine Funktion in Ihrer inneren Welt. Hat er bestimmte Ängste oder Anliegen? Sind sie heute noch wichtig, oder sind sie Teil der Vergangenheit?

Zweifellos versichert er Ihnen, daß er Sie schützen will. Weisen Sie ihn darauf hin, daß seine Bemühungen Sie in Wahrheit an der Weiterentwicklung hindern. Es kann sein, daß er - also ein Teil von Ihnen - sich vor dem Wachstum fürchtet. Finden Sie heraus, was er braucht, damit Sie auf Ihrem Weg weiterkommen. Vielleicht haben Sie etwas übersehen, etwas, was ihm und Ihnen ein Gefühl der Sicherheit gäbe. Bitten Sie ihn, mit Ihnen zusammenzuarbeiten, Ihnen ein Zeichen zu geben, wann immer Sie vorsichtig sein müssen - aber ohne vorherige Rücksprache nicht einzugreifen. Wenn er sich im Keller oder auf dem Dachboden versteckt hat, fragen Sie ihn, wo er gerne wohnen möchte. Helfen Sie ihm, eine bequemere Bleibe zu finden. Vereinbaren Sie ein Signal mit ihm, damit er sich melden kann. Versprechen Sie, ihn wieder zu besuchen und mit ihm in Kontakt zu bleiben. Machen Sie ihn zu Ihrem Verbündeten.

Wenn Ihnen das Visualisieren schwer fällt, sollten Sie versuchen, mit dem Saboteur zu sprechen. Lauschen Sie seiner Stimme in Ihrem Inneren. Versuchen Sie es mit zwei Stühlen: Setzen Sie sich auf den einen, wenn Sie den Saboteur ansprechen, und gehen Sie dann zum anderen Stuhl, um die Antwort zu hören. Oder schreiben Sie Fragen auf ein Blatt Papier, und notieren Sie auf einem anderen Blatt seine Antworten - das, was Ihnen spontan einfällt. Natürlich können Sie dabei ebenfalls zwei Stühle verwenden.

Channelling

Channelling hieß früher Mediumismus. In den letzten Jahren ist es ungeheuer populär geworden - mit der Folge, daß viele ausgebildete und unausgebildete Leute »Botschaften« aus verschiedenen nicht-physischen Quellen übermitteln. Viele sind auf Frequenzen eingestimmt, die wir normalerweise nicht wahrnehmen können. Einige Botschaften sind düster, andere hoffnungsvoll; manche sind banal, andere sehr tiefgründig; einige stammen von Tante Grete, andere von den Plejaden. In gewissem Umfang sind alle vom Geist des Mediums beeinflußt - von seinem Sprachvermögen, seiner Philosophie, seinen Erwartungen und so weiter.

Darum ist es wichtig, gleich zu Beginn des Channellings nach der Quelle zu fragen. Ist das Unterbewußtsein die Quelle? (Das ist häufig der Fall, selbst wenn es sich überaus geschickt als hoch entwickeltes Wesen jenseits unseres Sonnensystems ausgibt.) Welche Rolle spielen Wunschdenken, Selbstdarstellung oder Lust? (Ein unscheinbarer Mensch kann sehr an Statur gewinnen, wenn er Botschaften eines »höheren Wesens« übermittelt. Und überraschend viele Medien befürworten Ehebruch, meist mit jungen Frauen oder attraktiven Männern - »zum Wohle des Planeten« oder »weil ihr Seelengefährten seid und zusammengehört«. (Es kann sein, daß der oder die Angesprochene genau das hören will, aber normalerweise nicht den Mut hätte, selbst eine Entscheidung zu fällen.) Hat das Wesen wirklich etwas Wertvolles zu sagen? (Im Namen des Fortschritts wird schrecklich viel Unfug getrieben.) Hat das Medium sich selbst in der Gewalt, oder wird es beherrscht?

Eine unglückliche Familie glaubte, sie erhalte Botschaften von einem hohen Wesen namens Graues Pferd, dem Geist eines Pferdes (das ist an sich schon verdächtig). Leider meldete er sich immer, wenn das Essen auf dem Tisch stand, und alle mußten aufhören und seinen Worten der Weisheit lauschen. Die Familie mußte viele kalte Speisen verzehren, bevor eine meiner Lehrerinnen zufällig zum Abendessen blieb. »Das ist doch alles dummes Zeug!« sagte sie schon nach wenigen Augenblicken. Graues Pferd verschwand sofort und kam nie wieder zurück. Die Familie war auf einen astralen Witzbold hereingefallen.

Die australische Bush-Blütenessenz Angelsword (Engelsschwert) hilft

Ihnen, zwischen wertvollen und wertlosen Übermittlungen zu unterscheiden, und wenn nötig, repariert sie Ihr Energiefeld. Green Spider Orchid (Spinnenragwurz) erleichtert die spirituelle Kommunikation auf vielen Ebenen und verhindert übertriebene Redseligkeit.

Sie können viele Risiken des Channelling vermeiden, wenn Sie es in einer gut organisierten und gut geführten Gruppe versuchen. Ein erfahrener Gruppenleiter kennt das Problem und bringt Ihnen bei, wie Sie sich öffnen und schließen. Er prüft die Qualität der Botschaften eingehend und hält nach Indizien für ein überaktives Ich oder eine blühende Phantasie Ausschau. In diesem Stadium sind die Erfahrung eines anderen und Ihr gesunder Menschenverstand der beste Schutz. Auch wenn Sie Fortschritte erzielen, sollten Sie in einer Gruppe arbeiten, selbst wenn sie nur klein ist. Falls Sie in Schwierigkeiten geraten, benötigen Sie jemanden, der Ihnen hilft und dafür sorgt, daß Sie in Ihren Körper zurückkehren. Wenn Sie beim Channelling zuhören, sollten Sie alle Botschaften kritisch prüfen.

Selbstverständlich dürfen Sie nicht channeln, wenn Sie erschöpft, krank oder seelisch verstört sind. Gleiches zieht Gleiches an. Wenn Ihr Energiepegel niedrig ist, ziehen Sie niedrige Schwingungen an. Wenn Sie seelisch unausgeglichen sind, setzt sich ein unausgeglichenes Geistwesen mit Ihnen in Verbindung - es gibt viele von dieser Sorte. Arbeiten Sie auch nicht, wenn ein anderes Mitglied der Gruppe sich schlecht fühlt. Denken Sie daran, daß eine Gruppe so gut ist wie ihr schwächstes Mitglied.

Wenn Sie unbedingt allein arbeiten wollen, sollten Sie sich Klarheit darüber verschaffen, mit wem Sie Kontakt aufgenommen haben. Lernen Sie Ihre Führer und Wächter kennen, und arbeiten Sie mit einem Türhüter, um unerwünschte Elemente abzuschrecken. Türhüter gibt es seit langer, langer Zeit. In manchen Kulturen wird jedem Neugeborenen ein Türhüter als eine Art Schutzengel zugeteilt. Seine Aufgabe besteht darin, über den Körper zu wachen, wenn der Geist ihn verläßt - während des Schlafs, beim Channelling, bei Astralreisen und so weiter. Der Türhüter nimmt zudem jeden unter die Lupe, der mit Ihnen auf übersinnlichen Wegen Kontakt aufnehmen oder Ihren Körper oder Ihr Bewußtsein »ausborgen« möchte.

Wieviel Schutz Sie beim Channelling benötigen, hängt davon ab, wie Sie arbeiten. Manche Leute verlassen während der Kommunikation bewußt den Körper, damit das Geistwesen durch ihn sprechen kann. Sie erinnern sich kaum daran, was sie gesagt haben. Natürlich müssen Sie in solchen Fällen genau wissen, wer Ihren Körper zeitweilig bewohnt. Schließlich wollen Sie sicher sein, daß Sie ihn wieder übernehmen dürfen. Einige Medien machen es sich viel leichter: Sie steigern bewußt ihre Schwingungen, so daß der Kommunikator seine Botschaft telepathisch übermitteln kann. Manche Medien sprechen, andere schreiben; einige hören eine innere Stimme, andere folgen ihrer Intuition. Schwierigkeiten gibt es dann, wenn sie zwischen dem anderen Bewußtsein und ihrem eigenen nicht unterscheiden können. Das Übersinnliche und die Psychose liegen nahe beieinander.

Darum ist es unklug, unter Drogeneinfluß zu arbeiten. Vor allem Halluzinogene lassen die Sicherungen durchbrennen, die Sie vor »Überladung« schützen. Wir alle verfügen über natürliche Schutzvorrichtungen, die uns vor unerwünschten übersinnlichen Energien abschirmen. Wenn diese natürlichen Barrieren gewaltsam geöffnet werden und wir sie nicht schließen können, ist der Geist fremden Einflüssen ausgeliefert. Zur Ausbildung eines Mediums gehört das bewußte Öffnen und Schließen dieser Tore. Bei spontanen übersinnlichen Erfahrungen oder im Drogenrausch lassen diese Tore sich nicht vom Willen steuern.

Was ist beim Channelling am wichtigsten? Sie müssen wissen, wie Sie aufhören! Nur wenn Sie den Prozeß steuern, können Sie unerwünschte Eindringlinge in Schach halten. Da beim Channelling ein Energiefeld benutzt wird, können Sie den Kontakt beenden, indem Sie Ihre Schwingungsfrequenz senken. Schließen Sie die Chakras (verhüllen Sie, wenn nötig, das Kronen-Chakra), sorgen Sie dafür, daß die erdende Schnur an ihrem Platz ist, und kristallisieren Sie den Rand der Aura. Ein Hämatit hilft Ihnen sanft, aber rasch, sich wieder ganz mit dem Körper zu verbinden. Wenn das alles nichts fruchtet, visualisieren Sie Ihren Torhüter, der alle Invasoren hinauswirft. Die FES-Essenz Red Clover (Rotklee) unterstützt ihn dabei. Aber nur besonders hartnäckige Wesenheiten lassen es so weit kommen. Achten Sie beim Channelling auch darauf, daß Ihr Bewußtsein nicht zu weit herumschweift und Ihre Schwingungsfrequenz so hoch wie möglich ist. Dann haben Sie alles in der Hand, was geschieht, und können jederzeit in den Körper zurückkehren.

Begegnung mit dem Türhüter

Sorgen Sie dafür, daß Sie ungestört sind, und setzen Sie sich in einen bequemen Sessel. Schließen Sie die Augen, und entspannen Sie sich eine Weile.

Bitten Sie nun Ihren Türhüter, sich Ihnen vorzustellen. Achten Sie auf Signale - ein leises Schulterklopfen, eine Hand auf dem Kopf, eine prickelnde Kopfhaut, ein angenehmer Duft. Vielleicht sehen Sie ein klares Bild, oder Sie spüren die Gegenwart eines liebevollen Beschützers. Nehmen Sie sich Zeit, erzwingen Sie nichts. Suchen Sie nach dem Kontakt, und warten Sie dann geduldig.

Es kann sein, daß Sie das alles mehrere Male wiederholen müssen, bevor der Türhüter sich meldet. Manchmal ist es hilfreich, wenn Sie mit ihm regelmäßige Begegnungen zu einer bestimmten Zeit vereinbaren.

Wenn Sie auch nur die geringste Angst vor dem angeblichen Türhüter spüren oder ihn schon kennen, bitten Sie ihn zu gehen und warten sie auf den richtigen. Da der Türhüter seit Ihrer Geburt bei Ihnen ist, können Sie ihm in diesem Leben kaum begegnet sein. Wenn dennoch jemand aus dieser Existenz erscheint, sollten sie den Kontakt abbrechen. Da der Türhüter seit langem bei ihnen ist, sollte er Ihnen vertraut vorkommen, obwohl er Ihnen fremd ist.

Nehmen Sie sich soviel Zeit, wie Sie brauchen, um sich mit Ihrem Türhüter bekannt zu machen. Treffen Sie mit ihm Absprachen über notwendige Vorkehrungen zu Ihrem Schutz.

Wenn Sie bereit sind, sich zu lösen, bitten Sie den Türhüter, bei Ihnen zu bleiben, und richten Sie Ihre Aufmerksamkeit wieder auf das Zimmer. Achten Sie darauf, daß Ihr Schutzmantel Sie einhüllt. Stehen Sie dann auf, und gehen Sie umher.

Üben Sie das Herbeirufen Ihres Türhüters einige Male, bevor Sie seine Dienste in Anspruch nehmen.

Wenn Ihnen das Visualisieren schwer fällt, halten Sie eine Weile einen schützenden Kristall in der Hand und bitten Sie ihn, Ihr Türhüter zu sein. Verfahren Sie so vor jeder Meditation.

Besessenheit

Mit dem Channelling wurde auch ein Phänomen populär, das man Besessenheit oder »Walk-in« nennt. Es ist das übersinnliche Beispiel einer Hausbesetzung. Ein fremdes Wesen übernimmt die Herrschaft über einen Körper, dessen Besitzer noch an die Erde gebunden ist, den Kontakt mit ihr aber gelockert hat. Dafür kann es verschiedene Gründe geben: Drogen, zuviel Meditation oder Trance-Arbeit, mangelndes Interesse an der materiellen Welt, psychische Störungen, freiwilliges Überlassen usw. Früher schrieb man die Besessenheit dem Treiben von Teufeln, Dämonen, verirrten Seelen oder Göttern zu. Heute werden häufiger Außerirdische oder hochentwickelte Geistwesen dafür verantwortlich gemacht. Wie dem auch sei - es ist gefährlich, besessen zu sein.

Der einzige Schutz ist eine vollständige Verankerung im Körper. Leben Sie ganz in der Gegenwart, und schließen Sie Ihre Chakras nach dem Meditieren, nach der übersinnlichen Arbeit und vor allem nach dem Channelling. Einige Blütenessenzen helfen Ihnen, die starke Bindung an den Körper beizubehalten.

Um einen Besessenen zu heilen, bedarf es fachkundiger Hilfe.

Außerkörperliche Erfahrungen

- »Ich lag auf dem Boden und blickte auf meinen Körper hinab. Eine dünne Silberschnur schien mich mit ihm zu verbinden.«
- »Ich fiel aus dem Bett und fiel immer weiter - durch die Decke und die Wohnung unter mir. Dann rappelte ich mich auf und ging umher. Schließlich ging ich die Treppe hinauf in mein Schlafzimmer. Zu meinem Erstaunen lag ich im Bett.«
- »Ich schwebte in der Luft, erkannte die Fabrik und dachte: 'Jetzt bin ich fast zu Hause.' Dann trieb ich durchs Fenster ins Zimmer, wo mein Körper schlafend auf dem Bett lag.«
- »Ich lag im Bett neben meiner Frau und konnte nicht einschlafen. Ich hatte Lust auf eine Zigarette, aber die waren unten in der Küche. Also stand ich auf, ging nach unten, durchs Wohnzimmer und in die dunkle Küche. Als ich versuchte, das Licht anzuknipsen, gelang es mir nicht, und ich wurde ein wenig ärgerlich und verstört. Plötzlich lag ich wieder im Bett neben meiner Frau.«
- »Auf einmal merkte ich, daß ich mich an einem seltsamen Ort befand und zwischen Leuten ging, die ich nie gesehen hatte. Obwohl ich recht solide zu sein schien, konnte ich durch Wände gehen. Ich geriet in Panik und etwas zerrte mich zurück. Es war, als zappelte ich am Ende einer Angelschnur, die eingerollt wurde. Zu meiner großen Erleichterung landete ich mit einem Plumps in meinem Sessel - auf meinem Schoß. Nach einigen Augenblicken tauchte ich in meinen Körper.«
- »Ich traf meine Großmutter, die gestorben war, als ich ein Kind war. Ich umarmte sie und sagte: »Meine kleine Omi«, denn ich war viel größer als sie. Sie hatte meinen geliebten Schäferhund bei sich. Als ich ihn streichelte, spürte ich die Knötchen in seinem Fell. Er war stark und real wie ich, und dennoch wußte ich, daß mein Körper zu Hause saß und meditierte.«

Dies sind Berichte über klassische außerkörperliche Erfahrungen (Out-of-the-Body Experiences). Das Bewußtsein verläßt den physischen Körper und geht auf Wanderschaft. Er wohnt dann im ätherischen oder astralen Körper, der viel feiner schwingt als der physische. Dieser Ätherkörper kann durch scheinbar massive Gegenstände gehen und große Entfernungen zurücklegen. Solche Erlebnisse sind oft spontan, lassen sich aber auch bewußt herbeiführen. Padre Pio, ein italienischer Mönch und Heiler, erschien Hunderten von Menschen, während sein Körper anderswo war. Überraschend viele »Erscheinungen« sind keine Geister, sondern Lebende. Sie befinden sich außerhalb des physischen Körpers und erscheinen Freunden oder Angehörigen, gewöhnlich nachts. Die meisten außerkörperlichen Erfahrungen ereignen sich, wenn wir schlafen; doch manche Menschen haben gelernt, sie willentlich herbeizuführen. Viele spielen sich auf der Erde ab; doch manche Leute reisen in andere Ebenen oder andere Gebiete des Sonnensystems. Ein führender amerikanischer Forscher besuchte ein paar Monate vor der Landung einer Raumsonde einen Planeten. Er brachte genaue Daten über die noch unbekannte Oberfläche mit, die sich als richtig herausstellten.

Neuere Enthüllungen haben bestätigt, daß sowohl die USA als auch die Sowjetunion »PSI-Spione« ausbildeten, die den Körper verlassen und auf feindliches Gebiet reisen konnten. Gegenüber Spionagesatelliten hatten sie den Vorteil, daß sie Häuser betreten und sich darin umsehen konnten. Im zweiten Weltkrieg kam es zu einer »magischen Schlacht« um England. Christine Hartley, eine ausgebildete Adeptin, erzählte mir, sie und andere hätten sich bewußt auf astrale Ebenen begeben, um gegen Hitlers »Magier« zu kämpfen. Das ging weit über das »positive Denken« einiger Gruppen hinaus. Christine benutzte magische Werkzeuge, wenn sie sich außerhalb ihres Körpers befand, und sie konnte Zeitreisen unternehmen. In der Schlacht kämpfte sie um ihr Leben und das Leben von Millionen Menschen. Für Christine sind Astralreisen ganz normal - sie war immer dazu imstande.

In der Kindheit kommen außerkörperliche Erfahrungen häufiger vor. Wenn ich mich an Kindheitsereignisse erinnere, sehe ich die Szene meist von oben. Ich beobachte meinen Körper, und mein Bewußtsein ist nicht »da unten«. Auch nach einem Schock oder Trauma kommt es zu solchen Erlebnissen, und darum gehen so viele »Erscheinungen« von lebenden Menschen aus, meist kurz vor dem Tod. Als ich während einer Entbindung beinahe starb, befand ich mich plötzlich an der Decke, und ein Geistführer war bei mir. Ich konnte mich selbst deutlich auf dem Bett liegen sehen. Eine Schwester kam ins Zimmer und sagte: »Das ist doch nicht normal, in dieser Phase der Niederkunft zu schlafen ... o Gott!« Und sie eilte hinaus, um Hilfe zu holen. Später konnte ich ihr genau sagen, was sie unternommen hatte, während ich bewußtlos gewesen war.

Außerkörperliche Erfahrungen stellen sich oft ein, wenn die übersinnlichen Fähigkeiten sich entwickeln. Ich hatte eine Menge solcher Erlebnisse, als ich mich zu öffnen begann. Einmal, als ich meditierte, wurde ich kräftig »durchgerüttelt«, obwohl mein Körper sich nicht bewegte - und plötzlich schaute ich auf mich selbst hinab! Ich konnte mich fast augenblicklich an andere Orte denken; die Entfernung spielte kaum eine Rolle. Ich vereinbarte übersinnliche Rendezvous mit einem Freund, und am nächsten Tag verglichen wir unsere Erinnerungen. Später fand ich mich jedoch auch an Orten wieder, die mir ganz und gar nicht behagten. Ich konnte meine Astralreisen nicht immer vollständig steuern. Offenbar schickte mich jemand an bestimmte Orte, damit ich dort etwas beobachtete; allerdings konnte ich »fliehen«, wenn ich unbedingt wollte. Nach einigen Monaten kamen diese Erlebnisse seltener vor. Ich vermißte sie, weil ich daraus viel gelernt hatte.

Astralreisen sind gut belegt, und einige Berichte darüber sind sehr alt. Parapsychologen in den USA, die immer begierig waren, solche Phänomene zu »beweisen«, dachten sich einen Test aus: Sie legten einen Gegenstand auf einen hohen Schrank in einem benachbarten Raum. Die Versuchsperson mußte das Objekt finden und Bericht erstatten. Viele hatten Erfolg. Andere ließ man einfach »reisen«, wohin sie wollten. Eine Versuchsperson landete in einer Art Folterkammer - kein angenehmes Erlebnis für sie.

Die alten Ägypter glaubten, der Mensch habe eine Art ätherischen Doppelgänger, das *Ka*, das den Körper während des Schlafes oder im Koma verlassen könne und das mitunter von anderen Leuten beeinflußt werde. Um 800 v. Chr. rief ein nubischer Prinz das *Ka* des Pharaos herbei, um es von seinen Magiern bestrafen zu lassen. Die Magier des Pharaos merkten, was vor sich ging, und unterrichteten ihren Herrn. Gehorsam erschien das *Ka* in Nubien, wo es fünfhundertmal mit einem Stock geschlagen wurde. Als der Pharao am folgenden Morgen erwachte, hatte er Striemen auf dem Rücken. Die Macht des Geistes? Autosuggestion? Oder hatte Zauberei sein *Ka* gebannt? Der Prinz von Nubien und seine Magier glaubten fest daran, daß sie das *Ka* ihres Herrschers öffentlich gezüchtigt hatten.

Astralreisen treten auch in Verbindung mit Nahtod-Erlebnissen auf.

Ein alter Bericht stammt von einem christlichen Mönch namens Bede (673 - 753). Er erzählt von »einem Northumberländer, der von den Toten auferstand und schilderte, was er gesehen hatte, einiges schrecklich, anderes köstlich«. Der Bericht verdeutlicht, welche entsetzlichen Erlebnisse den Unvorsichtigen während einer Astralreise erwarten:

»Wir kamen in ein sehr breites Tal. An der einen Seite loderten furchterregende Flammen, und die andere Seite war nicht weniger schrecklich, denn es tobte ein heftiger Hagel- und Schneesturm. An beiden Orten befanden sich viele Menschenseelen, die von einer Seite zur anderen geschleudert wurden. Mein Führer sagte: 'Dies ist nicht die Hölle, wie du sie dir vorstellst.' Da das gräßliche Schauspiel mich mit großer Angst erfüllte, brachte er mich ans andere Ende, und plötzlich sah ich, wie der Ort sich mit Dunkelheit füllte. Als ich ihn erreichte, wurde die Dunkelheit allmählich so dicht, daß ich außer der Gestalt meines Führers nichts mehr sehen konnte ... Auf einmal erschienen zahlreiche Kugeln aus schwarzen Flammen; sie stiegen sozusagen aus einer tiefen Grube empor und fielen wieder zurück ...

Hinter mir hörte ich ein überaus scheußliches und erbarmungswürdiges Jammern und gleichzeitig lautes Gelächter, als quäle ein grober Pöbel gefangene Feinde. Ich sah eine Gruppe von bösen Geistern, welche die Seelen heulender und klagender Menschen in die Dunkelheit zerrten. Inzwischen waren einige der dunklen Geister aus dem flammenden Abgrund gekrochen und bedrängten mich von allen Seiten. Sie versetzten mich mit ihren glotzenden Augen und dem stinkenden Feuer, das ihr Mund ausstieß, in Verwirrung ... aber sie wagten es nicht, mich zu berühren. Als ich von Feinden und von der Dunkelheit völlig umringt war, erschien hinter mir ein heller Stern, und als er näherkam, flohen alle bösen Geister.«

Bücher, die sich mit dem tibetischen Bardo (dem Zustand zwischen zwei Inkarnationen) befassen, berichten im wesentlichen das, was viele Geistwesen uns übermitteln. Es ist eine universelle Erfahrung, die keine kulturellen Grenzen kennt. Dem Mönch Bede verdanken wir auch eine Schilderung der Glückseligkeit, die wir von Menschen mit Nahtod-Erlebnissen kennen:

Der Scheintote befand sich »in einer hellen Landschaft und einem herrlichen Feld mit duftenden Blumen. Dort waren weißgekleidete Menschen ... Vor mir sah ich ein noch schöneres Licht, von dem ein wundervoller Duft ausging. Als ich zu hoffen begann, wir würden an diesen herrlichen Ort gehen, blieb mein Führer plötzlich stehen, drehte sich um und brachte mich zurück.«

Die »bösen Geister« konnten den Erzähler zwar sehen, ihn aber nicht berühren - ein gutes Beispiel für die Gültigkeit des Prinzips »Gleiches zieht Gleiches an«. Viele Astralreisende haben festgestellt, daß niemand ihnen schaden kann, wenn ihre Schwingungen hoch genug sind. Wer glaubt, es könne ihm nichts geschehen, dem geschieht nichts. Bedes Freund wurde von einem Führer begleitet, von einem Wesen, das man rufen kann, wenn man sich unerwartet auf einer anderen Ebene wiederfindet. Der Mann durfte die andere Welt aus einem bestimmten Grund sehen. Nachdem er »von den Toten auferstanden« war, änderte er sein Leben. Er verschenkte sein Vermögen, tat Buße und wurde Mönch. Dies ist auch typisch für Nahtod-Erlebnisse: Sie verändern die Menschen. Außerkörperliche Erfahrungen sind aufregend und eine Herausforderung für uns alle. Sie eröffnen neue Möglichkeiten und erweitern das Bewußtsein. Wir fühlen uns nie wieder von der irdischen Ebene eingeengt. Zu viele oder spontane Astralreisen rufen jedoch ein Gefühl der Trennung vom Körper hervor und begünstigen übersinnliche Angriffe. Es ist daher ratsam, vor einer Astralreise den Türhüter um erhöhte Aufmerksamkeit zu bitten und sich gut vorzubereiten. Sie können beispielsweise einen Flußspatkristall in der Hand halten. Er wirkt wie ein feinstofflicher Schutzschild und erleichtert Astralreisen. Fluorit

Wenn Sie außerhalb Ihres Körpers Angst bekommen, können Sie sich »zurückdenken«. Die einfache Feststellung »Ich möchte zurück« genügt. Oft führt bereits die Angst zu einer sofortigen Rückkehr. In der esoterischen Literatur ist von einer »Silberschnur« die Rede, die den Kontakt mit dem Körper aufrechterhält. Viele Erfahrungsberichte bestätigen das. Wird diese Schnur durchtrennt, sterben wir auf der materiellen Ebene. Mit Hilfe der Silberschnur können Sie sich jederzeit mit den Händen zum Körper zurückziehen; oder Sie stellen sich vor, der Körper hole Sie ein wie einen Angelhaken. Im Zeitalter der Raumfahrt bringt Sie auch der Befehl »Beam mich zurück, Scottie« ans Ziel.

Wenn Sie sich unvermittelt auf einer trostlosen Ebene befinden, umhüllen Sie sich mit Licht und denken sich auf eine höhere Ebene. Da Gleiches von Gleichem angezogen wird, bringt Furcht Sie an weniger angenehme Orte. Die Bush-Blütenessenz Dog Rose (Heckenrose) ist ein wirksames Gegenmittel. Wenn negative Gedanken Sie plagen, legen Sie sich einen Blutjaspis auf die Stirn; er blockiert negative Gedanken und reinigt die Aura. Je positiver Sie denken, desto größer sind Ihre Aussichten, ein angenehmes Erlebnis zu haben. Es ist allerdings möglich, daß Sie auf einer unteren Ebene bleiben müssen. Bitten Sie dann darum, daß Sie so schnell wie möglich lernen dürfen, was Sie dort zu lernen haben, und bitten Sie Ihren Führer um Schutz.

Mouse Ear Chickweed (Sternmiere), eine schottische Essenz von Harewell, gibt Ihnen auf Astralreisen ein Gefühl der Sicherheit. Die Bush-Blütenessenzen Crowea und Sundew (Sonnentau) helfen dem Astralkörper, sich nach einer Astralreise oder einem Schock wieder mit dem physischen Körper zu verbinden. Das Bach-Blütenmittel Clematis ist ein hervorragendes Mittel gegen unerwünschte spontane Astralreisen, ebenso die Bush-Blütenessenzen Red Lily und Sundew. Dem Johanniskraut wird seit langem eine magische Schutzwirkung zugeschrieben. Sie können es verbrennen oder als Essenz anwenden; in jedem Fall sorgt es für eine gute Reise. Wenn Sie sich nach der Rückkehr benommen fühlen, verankern Hämatit oder ein Milchquarzkristall Sie sanft im physischen Körper.

Der Schutzraum

Sie können sich eine Art Schutzraum schaffen, in dem Sie leben, arbeiten und meditieren. Wenn Sie regelmäßig Weihrauch verbrennen, trommeln, rasseln, »Crystal Clear« versprühen und so weiter, sorgen Sie für frische, klare Schwingungen. Blüten und Pflanzen sind nützlich, da sie negative Schwingungen absorbieren. Das gleiche gilt für große Kristalle - aber vergessen Sie nicht, sie hin und wieder zu reinigen. Blutjaspis und Bernstein schützen und reinigen die Atmosphäre. Schwarzer Obsidian oder Quarz schlucken ebenfalls negative Energie. Ein billiger, leicht erhältlicher Schutz ist ein Feuerstein vom Feld. Halten Sie ihn eine Weile in der Hand, und bitten Sie ihn, ihre Umgebung zu schützen.

Es ist sinnvoll, ihre ganze Wohnung zu reinigen und zu schützen. Besonders wichtig ist aber der Platz, an dem Sie meditieren oder spirituell arbeiten. Auch viele profane Arbeitsplätze könnten ein wenig Schutz gebrauchen, vor allem wenn sie mit Neonlampen und Geräten ausgestattet sind, die elektromagnetische Felder erzeugen. Wenn Sie an einem Ort mit »schlechten Schwingungen« arbeiten, fühlen Sie sich nach einiger Zeit ausgelaugt, einerlei, wie gut Ihr persönlicher Schutz ist. Es gibt Geräte und Essenzen, die elektromagnetische Felder neutralisieren. Ich finde Yarrow Special Formula (eine Schafgarbenmischung) hervorragend - sie wurde geschaffen, um die Folgen der Atomkatastrophe von Tschernobyl zu mildern. Ich nehme immer ein paar Tropfen, wenn ich mich an den Computer setze oder wenn meine Energie nachläßt. Kaum ein Computer oder Fernseher ist ausreichend abgeschirmt. Ich war entsetzt, als ich mit einem Meßgerät die Stärke der Felder bestimmte, die meine Geräte erzeugen. Um die »Grenzwerte« nicht zu überschreiten, müßte ich mehr als drei Meter vom Computer entfernt sitzen! Das ist natürlich unmöglich, und darum brauche ich physischen und feinstofflichen Schutz. Ich wickle Kupferdraht um das Stromkabel und nehme die genannte Blütenessenz.

Es gibt auch übersinnliche Verschmutzung. Vor Jahren, als ich zum erstenmal an einer Therapiegruppe teilnahm, war ich fasziniert von einer Heilerin, die die Aura eines Patienten mit den Händen »kämmte«. Dann trug sie das, was sie offenbar entfernt hatte, in eine Ecke des Zimmers und warf es weg. Ich vermutete, in der Ecke befinde sich ein »feinstofflicher Müllschlucker«. Aber sie sagte: »O nein, ich überlasse alles den Führern.« Dennoch befürchtete ich, die anderen Leute im Raum könnten den Abfall wieder absorbieren, und darum schaltete ich wenigstens einen übersinnlichen Staubsauger ein. (Er ist wahrscheinlich immer noch dort, aber der Beutel dürfte inzwischen voll sein.)

Viele Meditationstechniken können Streß abbauen. Man reinigt Chakras, Emotionen oder die Aura und wirft den Schmutz weg. Aber Sie benötigen mehr als das! Denn wenn die negative Energie nicht umgewandelt wird, nehmen Sie sie wieder auf. Darum visualisiere ich immer ein Feuer oder einen Fluß und lade sie dort ab.

In einem Workshop sah ich einmal, wie eine der Teilnehmerinnen zurückzuckte, als habe sie etwas Ekliges gerochen. Da ich immer in einem Sicherheitsraum arbeite, mußte der Geruch von einem anderen Teilnehmer stammen. Nach der Meditation fragte ich die Frau, was geschehen sei. »Der Geruch schien von der Dame neben mir zu kommen«, sagte sie. »Plötzlich lag ein großer schwarzer Haufen Unrat vor mir. Er sah wirklich ekelhaft aus. Mir fiel ein, daß die Stadt früher den Müll in einem riesigen Feuer verbrannte, und weil ich weiß, daß man Energie immer mit Feuer reinigt, schaufelte ich den Unrat schnell in die Flammen.« Als ich die andere Frau fragte, was sie getan habe, sagte sie: »Oh, es klappte nicht so richtig, und darum beschloß ich, meine Chakras zu reinigen.« Ich erkundigte mich, was sie mit dem »Abfall« gemacht habe. »Das weiß ich nicht«, antwortete sie überrascht. »Ich habe ihn einfach rausgeworfen.« Das hatte sie seit Jahren getan, und da sie die Energie nicht umwandelte, nahm sie sie wieder auf - und wunderte sich darüber, daß sie sich nicht besser fühlte. Mit ihrer Gesundheit ging es sogar bergab, und darum hatte sie am Workshop teilgenommen.

Wenn Sie also reinigen oder heilen, brauchen Sie einen »Energieumwandler« - einen Kristall, Licht oder Feuer -, oder Sie lassen den Müll in den Weltraum entschweben. Der Auslaß meines »übersinnlichen Staubsaugers« befindet sich tief im All, so daß der Inhalt seines Staubbeutels niemandem mehr schaden kann. Selbst wenn ein Teil davon zurückkehren sollte, würde er in der Atmosphäre verglühen.

Wenn Sie spüren, daß negative Schwingungen in Ihren Schutzraum eindringen wollen, können Sie sie mit Hilfe eines großen (realen) Spiegels dorthin reflektieren, woher sie kommen. Das gleiche leisten Gagat, Flußspat, schwarze Jade und andere Kristalle.

Es gibt verschiedene Möglichkeiten, einen Schutzraum zu schaffen. Räuchern mit Beifuß ist eine uralte Methode, besprühen mit »Crystal Clear« eine moderne. Die »Grüne Pyramide« sorgt für Rundumschutz. Sie können auch das Visualisieren zum Schutz einer Gruppe abwandeln und die Lichtschranke an Ort und Stelle lassen. Auch rosa Quarz und Amethyst, nebeneinander gelegt, sind sehr wirksam.

Als zusätzlichen Schutz beim Meditieren können Sie einen inneren und äußeren Tempel errichten. Reservieren Sie einen kleinen heiligen Platz für einen »Altar«, auf dem Kristalle und heilige Dinge liegen und stehen, zum Beispiel eine Statue einer Schutzgottheit. Wenn Sie immer denselben Platz benutzen, verleiht das Ritual ihm zusätzlichen Schutz, denn die Schwingungsfrequenz an diesem vertrauten Ort ist bereits erhöht. Wenn Sie wollen, zünden Sie ein Räucherstäbchen oder eine Kerze an.

Der innere Tempel

Stellen Sie sich vor, Sie befinden sich an einem wunderschönen Ort - am Ufer eines Sees, im Wald, auf einer Wiese, auf einem Berg. Visualisieren Sie diesen Platz klar und deutlich. Spüren Sie den Boden unter den Füßen, und riechen Sie die Düfte.

Sehen Sie sich um. Sie entdecken einen kleinen, vollkommenen Tempel. Gehen Sie hinüber zu ihm, und steigen Sie die drei Stufen zum Tor hinauf. Die Tür öffnet sich von selbst. Gehen Sie durch den Innenhof ins Heiligtum. Auch dessen Türen öffnen sich, und Sie sehen einen Platz, der für Sie vorbereitet ist. Lassen Sie sich bequem nieder, und meditieren Sie oder verrichten Sie Ihre spirituelle Arbeit.

Wenn Sie bereit sind zu gehen, schreiten Sie durch die Tür des Heiligtums, und sie schließt sich hinter Ihnen. Gehen Sie durch den Hof und durch das Tempeltor, das ebenfalls lautlos zufällt. Steigen Sie die drei Stufen hinab, und gehen Sie zu Ihrem Ausgangspunkt zurück.

Dies ist der Tempel Ihres inneren Herzens. Sie können immer zu ihm zurückkehren.

Richten Sie Ihre Aufmerksamkeit nun wieder auf das Zimmer, und öffnen Sie die Augen. Achten Sie darauf, daß die Chakras geschlossen und der Schutzmantel und die erdende Schnur an Ort und Stelle sind.

Reinigungsmethoden

Räuchern

Sie brauchen einen Räucherstab und eine Dose, in die Sie den abgebrannten Stab hineinlegen. Auch ein Weihrauchbrenner ist geeignet.

Zünden Sie den Räucherstab oder den Weihrauch an. Sobald er gut brennt, blasen Sie die Flamme aus. Es entwickelt sich Rauch, den Sie mit einer Feder, einem Fächer oder der Hand im ganzen Raum verteilen. Einen Menschen beräuchern Sie von allen Seiten, vom Kopf bis zu den Füßen. Wenn Sie fertig sind, legen Sie den Stab in eine Dose mit Deckel, damit er verlöscht.

Crystal Clear

Geben Sie ein paar Tropfen Crystal Clear in Wasser, und füllen Sie eine Spraydose oder -flasche damit. Wenn die Düse verstellbar ist, wählen Sie die feinste Stufe. Versprühen Sie das Wasser im ganzen Raum, und halten Sie die Flasche oder Dose so hoch wie möglich. Die Tröpfchen fallen zu Boden und reinigen dabei die Luft.

Crystal Clear können Sie auch benutzen, um Personen, Kristalle oder Talismane von negativen Energien zu reinigen, die sie aufgenommen haben.

Sie erhalten Crystal Clear bei David Eastoe (siehe »Nützliche Anschriften«).

Rasseln

Sie können dazu außer richtigen Rasseln auch eine Dose mit getrockneten Bohnen, Samen oder Reis verwenden. Selbst eine Packung Katzenfutter ist notfalls geeignet. Rasseln Sie um den ganzen Körper herum, auch um Arme und Beine, vor allem an den Chakras und am Hinterkopf. Danach berasseln Sie den gesamten Raum bis in die Ecken und so hoch und so tief wie möglich.

Tibetische Klangschalen

Auf tibetische Klangschalen können Sie mit einem Stöckchen klopfen, oder Sie können das Stöckchen stetig am Rand entlangziehen. In beiden Fällen reinigen Sie die Energie im Raum schnell, vor allem wenn Sie sich vorher eine Weile auf die Schale konzentriert und sie gebeten haben, ihr Werk so zu vollbringen, wie es am besten ist. Drehen Sie sich mit der Schale, damit sie in alle Richtungen zeigt; gehen Sie mit ihr umher, und lassen Sie den Klang zum Schluß allmählich verstummen.

Abschirmung gegen andere

Viele Probleme, mit denen wir zu tun haben, sind darauf zurückzuführen, daß wir zu viele Ausstrahlungen anderer Leute aufnehmen. Das gilt besonders für Therapeuten, psychisch Begabte und Heilpraktiker, die mit sanften Heilweisen arbeiten. Zwar kann es mitunter nützlich sein, jeden Schmerz und jede emotionale Disharmonie zu spüren, die ein Patient mitbringt, aber wenn es Ihnen nicht gelingt, sich nach der Behandlung gründlich zu reinigen, bleibt unweigerlich etwas von dieser Person bei Ihnen zurück. Es kann Ihrer geistigen Gesundheit nur nützen, wenn Sie eine andere Möglichkeit finden, sich notwendige Informationen zu beschaffen. Statt fremde Energien zu absorbieren, sollten Sie lernen, Ihrer Intuition zu lauschen oder Ihren »inneren Bildschirm« zu benutzen.

Doch Sie brauchen keinen bestimmten Beruf auszuüben, um die Energie anderer aufzunehmen, und auch körperliche Nähe ist keine Voraussetzung dafür. Es gibt Leute, die in der Angst anderer geradezu schwelgen. Sie strahlen Sympathie aus, was anderen am wenigsten nützt. Diese Art Interesse kann beiden Parteien schaden. Einem Klatschmaul dürfte kaum klar sein, wieviel es von jenen Menschen aufnimmt, über die es so eifrig spricht. Manche Leute saugen negative Energie auf wie ein Schwamm. Ihre Aura ist nicht sehr stark, ihre Grenzen sind fließend, und sie haben ihre Fühler überall. Hellsichtige beschreiben die Aura solcher Menschen als »leck wie ein Sieb« (Fringed Violet ist ein Heilmittel dafür).

Andere schwächen ihren Schutz durch Drogen, Krankheiten, geopathische Störfelder oder unkluge übersinnliche Spielereien - oder einfach deshalb, weil sie sich nicht um den Schutz ihrer Aura kümmern. Manche Leute sind von Natur aus empfänglicher, vor allem die Wasser-Sternzeichen Krebs, Skorpion und Fische. Allerdings neigen Krebse und Skorpione dazu, sich instinktiv zu schützen. Doch auch andere Sternzeichen können eine besondere Planetenkombination oder einen Aszendenten aufweisen, der für eine »durchlöcherte Aura« typisch ist, und selbst die praktisch veranlagten Zeichen können etwas im Horoskop haben, was sie unerwartet verwundbar macht. Ein Astrologe kann Ihnen sagen, in welchen Bereichen Sie anfällig sind und welche Menschen in Ihrer Umgebung das ausnutzen.

Eine meiner Freundinnen war ängstlich und unendlich traurig. Sie merkte, daß es sich um Gefühle handelte, die Sie vor etwa 25 Jahren durchlebt hatte, als ihr Vater gestorben war. Sie hatte sich sehr bemüht, die Vergangenheit ruhen zu lassen, und hatte die Gefühle wachgerufen, um sich von ihnen zu lösen. Gleichzeitig ging ihr ein Freund, den sie einige Zeit nicht gesehen hatte, nicht mehr aus dem Kopf. Sie rief ihn an und erfuhr, daß er eben vom Begräbnis seines Vaters nach Hause gekommen war. Sie wußte aus den Horoskopen, daß sie auf einer höheren Ebene starke Bindungen mit diesem Mann verknüpften, auch ohne körperliche Nähe; doch nie zuvor hatte sie seine Gefühle so stark mitempfunden. Es fiel ihr schwer, seine Trauer und ihren immer noch vorhandenen Kummer über den Tod ihres Vaters auseinanderzuhalten. Sein Erlebnis hatte ihre Gefühle verstärkt. Mit Hilfe der Horoskope konnten wir klären, wie dieses Phänomen zustande kam, und das half ihr, sich besser auf ihre eigenen Probleme zu konzentrieren. Außerdem konnte sie, gestützt auf ihre Erfahrung, ihrem Freund helfen - nicht durch Sympathie, sondern durch Empathie.

Wenn Sie so präzise Informationen besitzen, können Sie Ihren Schutz wirksamer gestalten. Vielleicht müssen Sie eine Bindung lösen, vor allem an den Chakras, wenn jemand Ihnen Kraft raubt oder wenn Sie telepathisch zuviel aufschnappen. Es kann auch sein, daß Sie Ihren Schutz in Gegenwart bestimmter Menschen verstärken müssen, besonders wenn sie geschickt mit Ihren Emotionen spielen. Es kostet viel Kraft, sich immerzu intensiv zu schützen; darum ist es gut zu wissen, bei welchen Leuten Sie sich ohne Gefahr entspannen können.

Aber auch wenn die Aura nicht zu offen ist, können Sie erschöpft sein. Es genügt, wenn Sie ein Bett mit einem Menschen teilen, mit dem Sie auf der feinstofflichen Ebene nicht harmonieren. Auch wenn Sie sich zu lange in Gesellschaft eines Menschen mit einem völlig anderen Energiepegel aufhalten, werden Sie müde. Dieselben astrologischen Elemente, die auf eine schwache oder starke Aura hindeuten, sagen auch viel darüber aus, wer Ihnen Energie spenden oder »abzapfen« kann. Im allgemeinen geben Ihnen Menschen mit der gleichen Konstellation Energie, während jene mit einer gegenteiligen Stellung Ihnen Energie abziehen. Sehr vereinfacht ausgedrückt, kann beispielsweise ein Mensch mit der Sonne in den Fischen von einem anderen Wasserzeichen - Skorpion oder Krebs - Energie aufnehmen, während die Feuerzeichen Widder, Löwe und Schütze ihn auslaugen, weil Wasser vom Feuer in Dampf verwandelt wird, der sich verflüchtigt. Die Angelegenheit ist allerdings kompliziert. Die heiße Energie der Feuerzeichen kann die Fische für kurze Zeit sehr beflügeln - doch schließlich brennen die Sicherungen durch, und die Energie verschwindet, weil die Fische auf der feinstofflichen Ebene soviel Hitze nicht bewältigen können. Ein Widder mag sich anfangs vom kühlen Wasserzeichen devitalisiert fühlen; denn man braucht viel Energie, um Wasser zu erhitzen. Doch sobald der Dampf sich aufgelöst hat, stärkt die heiße Energie den Widder und ermüdet die Fische.

Die Position der Planeten im Horoskop macht die Dinge noch komplizierter. Selbst wenn Sie ein Wasserzeichen haben, können die anderen neun Planeten in Luft- und Feuerzeichen stehen. In diesem Fall passen Widder, Zwillinge, Löwe, Jungfrau, Schütze und Wassermann gut zu Ihnen. Auch andere Disharmonien in den Konstellationen sind möglich. Zum Glück kann ein Astrologe Ihnen das alles innerhalb weniger Minuten erklären. Er kann sich auch die Konstellation eines anderen Menschen ansehen und Ihnen sagen, ob Sie zu der Ihren paßt oder nicht.

Wenn die Konstellationen nicht harmonieren, ist noch nicht alles verloren, und eine Scheidung ist nicht unvermeidlich. Es kann jedoch sein, daß Sie getrennt schlafen müssen - dadurch wird das Problem oft auf einfache Weise gelöst. Wenn Sie sehr ausgelaugt sind, brauchen Sie möglicherweise ein eigenes Schlafzimmer. Andere Beziehungen können Sie umgestalten. Wenn ein Freund Sie mit seiner Energie überwältigt, machen Sie kürzere Besuche bei ihm oder verstärken Sie zeitweilig Ihren Schutzmantel. Sollte Ihr Chef oder ein Kollege Sie schwächen, können zahlreiche Pflanzen und Kristalle Ihnen helfen, einen physischen und feinstofflichen Schutzschild zu errichten. Besprühen Sie sie regelmäßig mit Crystal Clear. Sie können auch im Geiste ein Glas über den Menschen stülpen, der die Probleme verursacht, und natürlich dürfen Sie nicht vergessen, Ihren Schutzschild jeden Morgen vor der Arbeit zu aktivieren.

Es gibt einfache Möglichkeiten, um zu verhindern, daß Sie die Energie anderer Leute aufnehmen (zum Beispiel die Hände auf den Solarplexus legen), und Essenzen können Sie dabei unterstützen. Sie können einen Gagat, ein Tigerauge oder einen Türkis bei sich tragen. Den besten Schutz haben Sie jedoch immer bei sich - eine starke Aura, Ihren feinstofflichen Schild. Sorgen Sie gleich nach dem Aufwachen dafür, daß Sie geschützt sind. Überprüfen Sie Ihren Schutz während des Tages und bevor Sie zu Bett gehen. Mit der Zeit gehen Ihnen diese Vorkehrungen in Fleisch und Blut über; dennoch müssen Sie daran denken. Wenn Sie Informationen aufnehmen wollen, sollten Sie es mit Hilfe eines visualisierten Telefons oder eines Bildschirms tun; dann können Sie hören oder sehen, ohne körperlich mitzuleiden. Eine reale oder visualisierte Dusche hilft Ihnen, hinterher restliche fremde Energie abzuspülen, und wenn Sie das Zimmer und sich selbst mit Crystal Clear besprühen, vervollständigen Sie die Reinigung.

Die Gem Remedy Association stellt einen Aura-Schutz her, der für Therapeuten und für jene Menschen bestimmt ist, die überempfindlich auf fremde Energien reagieren. Die Bush-Blütenessenz Angelsword repariert »Löcher in der Aura« und hält das Energiefeld zusammen. Das gleiche gilt für Fringed Violet. Das Bach-Blütenmittel Centaury (Tausendgüldenkraut) ist hilfreich, wenn Sie sich leicht ausnutzen lassen. Mountain Pennyroyal (Bergflohkraut) verhindert, daß Sie negative Gedankenformen anderer aufnehmen, und Walnut (Walnuß) neutralisiert Überempfindlichkeit gegen fremde Einflüsse. Yarrow bildet einen feinstofflichen Schild gegen Gefühle und Bedürfnisse anderer. Die FES-Essenz Golden Rod (Goldrute) gibt Ihnen Kraft, unter Druck die Individualität zu bewahren. Die Essenz Wild Grape (wilde Weintraube) von Desert Alchemy beugt einer Vermischung Ihrer Aura mit der eines anderen Menschen vor.

Der geistige Schutzschirm

Stellen Sie sich vor, Sie sind von einem Schirm aus Licht umgeben. Er befindet sich am äußeren Rand der Aura und hüllt Sie vollständig ein. Der Schutzschirm, der über dem Kopf und unter den Füßen endet, filtert alles, was Sie von anderen Menschen empfangen: negatives Denken, Krankheit, schlechte Schwingungen, Wut, Furcht, alles, was Ihnen schaden kann. Errichten Sie diesen Schutzschirm, wann immer Sie ihn benötigen.

Wenn Sie die Gedanken oder Gefühle anderer aufnehmen wollen, geben Sie dem Schutzschirm einen Bildschirm und einen Lautsprecher. Dann erfahren Sie alles, was Sie wissen wollen. Wenn nötig, visualisieren Sie ein Telefon, damit Sie Fragen stellen können.

Wenn Ihnen das Visualisieren schwer fällt, tragen Sie einen Flußspat oder einen anderen geeigneten Kristall bei sich und bitten Sie ihn, Ihren geistigen Schutzschirm zu verstärken.

Geistiger Schutz von Kindern

Wir können zwar andere Menschen nicht vollständig schützen; aber wenn sie jung, schwach oder verwundbar sind, können wir ihren Schutz durch Gebet, Visualisation oder Blütenessenzen verstärken. Das ist besonders wichtig, wenn Sie Kinder haben, da diese auf den feinstofflichen Ebenen meist offener sind. Sie verfügen von Natur aus noch über den Kontakt zu anderen Existenzebenen, besonders bevor sie zur Schule gehen, und sie stimmen sich auf die Energien eines Ortes ein, so daß sie für geopathische Reizfelder empfänglich sind. Kinder sind telepathisch mit allem verbunden, was um sie herum vorgeht, und sie nehmen die Gedanken, Gefühle und Emotionen der Erwachsenen wie ein Schwamm auf.

Da Erwachsene oft anders denken und fühlen, als sie reden, geraten Kinder häufig in Verwirrung. Die Unsicherheit verschlimmert sich, wenn Erwachsene einem Kind vorwerfen, es denke sich »dumme Geschichten« aus, nur weil es in aller Unschuld von Freunden oder Feinden erzählt, die es auf anderen Existenzebenen getroffen hat, oder wenn es berichtet, was es auf übersinnliche Weise empfangen hat. Wenn Kinder für »diesen Unsinn« ständig getadelt oder gar gezüchtigt werden, schließen sie sich gegen Erwachsene ab, und mit der Zeit unterdrücken und vergessen sie ihre übersinnlichen Fähigkeiten. Das gilt jedoch nicht für alle Kinder. Die sensitivsten spüren die andere Welt und unausgesprochene Gedanken immer noch. Sie haben oft Gewissensbisse, als sei das alles ihre Schuld; denn Kinder halten sich für allmächtig. Wenn sie »sehen«, daß jemand krank ist oder sterben wird, und wenn die Voraussage sich bestätigt, glauben Kinder, sie seien daran schuld. Sind die Eltern emotional verstört, gibt das Kind sich selbst die Schuld dafür.

Die Energie eines verstörten Kindes zieht feinstoffliche Störungen an - ein heimtückischer Kreislauf, der vor allem bei Heranwachsenden zu Poltergeistaktivitäten, Schizophrenie und Schwermut führen kann. Die Bush-Blütenessenzen Fringed Violet, Red Helmet Orchid (rote Helmorchidee) und Sundew können solchen Kindern sehr helfen. Yarrow gibt dem Kind einen feinstofflichen Schutzschild, wenn es zu viele Gedanken und Gefühle anderer Leute aufnimmt. Dog Rose ist bei Alpträumen hervorragend geeignet, und Sundew bringt ein Kind in den Alltag zurück, wenn es in einer Traumwelt lebt.

Es lohnt sich immer, ehrlich zu Kindern zu sein, damit sie einen Sachverhalt verstehen. Unterschätzen Sie Kinder nicht! Es ist sinnlos zu leugnen, daß die Mutter verärgert ist, wenn das Kind ihr den Ärger vom Gesicht ablesen kann. Diese Unaufrichtigkeit kann dazu führen, daß ein Kind seinen Wahrnehmungen nicht mehr traut.

Wenn ein Kind von seinen übersinnlichen Erfahrungen erzählt, hören Sie ihm liebevoll und respektvoll zu. Sie brauchen nicht vorzutäuschen, daß Sie dasselbe sehen; aber sie sollten dem Kind sagen, daß sie ihm glauben, und es ausreden lassen, vor allem wenn es sich fürchtet. Auf diese Weise beruhigen Sie das Kind, ohne daß seine Phantasie sich zu sehr entwickelt, wie viele Leute glauben. (Eine ausufernde Phantasie und Alpträume sind vielmehr auf unterdrückte übersinnliche Wahrnehmungen zurückzuführen.) Kinder sollten lernen, daß sie ihrer Intuition vertrauen dürfen. Das Vertrauen auf die innere Führung, das sich aus der Wahrnehmung und der Intuition entwickelt, ist ein mächtiger Schutz. Sie können Kindern helfen, sich einen eigenen Schutz aufzubauen. Die Bush-Blütenessenzen Sundew und Little Flannel Flower erleichtern den Kontakt mit dem spirituellen Führer und stärken die Bindung an den Körper.

Ermuntern Sie Kinder, ihre Erlebnisse zu zeichnen oder eine Geschichte darüber zu schreiben. Manchmal drücken sie ihre Wahrnehmungen und Vorahnungen spontan in Bildern aus. Meine sechsjährige Enkelin stand eines Morgens auf und zeichnete eine Freundin der Familie - ganz in Schwarz mit schwarzen Chakras, die durch eine Zickzacklinie verbunden waren, und mit einer großen schwarzen Wolke, aus der Regen fiel. Die Zeichnung sah den bunten Bildern, die sie sonst zeichnete, überhaupt nicht ähnlich. An diesem Nachmittag brach für meine Freundin eine Welt zusammen. Sie war emotional tief getroffen und befand sich in einem Schockzustand. Über ihr hing eine »schwarze Wolke« der Depression. Das Bild ging auf einen prophetischen Traum zurück. Als meine Enkelin die Frau sah, wußte sie, daß ihre Ahnung sich bestätigt hatte. Aber ich mußte ihr auch klarmachen, daß sie nicht daran schuld war - ein verbreitetes Mißverständnis unter jungen (und älteren) übersinnlich begabten Menschen.

Kinder spielen gerne. Darum macht es ihnen Spaß, einen Ballon aus hellem, buntem Licht zu visualisieren oder sich vorzustellen, daß sie in eine glänzende neue Mülltonne springen, um sich zu schützen. Kinder glauben auch daran, daß bestimmte Dinge große Macht besitzen; daher können »Alptraumfänger« ihnen helfen. Kristalle und Pelztiere trösten sie. Und unzählige Kinder sind schon mit einem Gebet und mit einem Bild von Jesus, der sie beschützt, zu Bett gegangen.

Sie können die übersinnlichen Fähigkeiten eines Kindes nutzen, indem Sie mit ihm reden, während es schläft. Sie brauchen nicht körperlich anwesend zu sein, da die Entfernung keine Rolle spielt. Sie können das Kind beruhigen, ihm etwas erklären oder ihm einfach Liebe und Heilung senden.

Setzen Sie sich ruhig hin, schließen Sie die Augen, und visualisieren Sie das Kind. Sie sind mit ihm durch goldene Fäden verbunden, das Herz mit dem Herzen und das Dritte Auge mit dem Dritten Auge. Öffnen Sie Ihr Herz, formen Sie im Geist Worte, und schicken Sie sie liebvevoll auf die Reise. Wenn Sie fertig sind, lösen Sie die goldenen Fäden, lassen aber einen Lichtfleck an den Verbindungsstellen zurück. Zum Schluß visualisieren Sie das Kind eingehüllt in Licht.

Versuchen Sie nicht, mit dieser Methode ein Kind zu beherrschen. Bitten Sie es um seine Mitarbeit, aber wenden Sie keine geistige Gewalt an, die den freien Willen beseitigt. Denken Sie daran, daß Sie die Folgen eines übersinnlichen Angriffs tragen müssen.

So stärken Sie die Aura eines anderen

Wenn Sie die folgende Übung einige Male gemacht haben, brauchen Sie nur noch wenige Augenblicke dafür. Da Sie nicht Ihre eigene Energie dafür benötigen, erschöpft die Übung Sie nicht, und sie stellt auch keine übersinnliche Verbindung mit der anderen Person her. (Wenn Sie eine solche Bindung vermuten, machen Sie erst die Übung, die Sie im Kapitel »Bindungen lösen« finden).

Diese Übung dürfen Sie nur mit lauteren Motive ausführen. Wenn Sie bewußt oder unbewußt auf Dankbarkeit hoffen, den anderen an sich binden oder in Ihrem Sinne lenken wollen, so ist das ein geistiger Angriff. Seien Sie also vollkommen ehrlich zu sich selbst, was Ihre Beweggründe angeht.

Übung

Sorgen Sie dafür, daß Sie nicht gestört werden, und setzen Sie sich an einen ruhigen Platz. Schließen Sie die Augen und richten Sie die Aufmerksamkeit nach innen.

Visualisieren Sie auf Ihrem inneren Bildschirm den Menschen, dessen Aura sie stärken möchten. Goldenes, spirituelles Licht umhüllt seine Aura wie ein Schutzmantel.

Wenn Sie eine Schnur sehen, die Sie mit dem anderen verbindet, schneiden Sie sie mit einer goldenen Schere ab, und heilen Sie die Ansatzstellen mit Licht.

Wenn Sie fertig sind, lassen Sie das Bild langsam verschwinden. Prüfen Sie, ob Ihr Schutzmantel vorhanden ist, und wenden Sie Ihre Aufmerksamkeit wieder dem Zimmer zu.

Die folgende Übung eignet sich besonders gut, wenn Ihnen das Visualisieren schwer fällt, aber sie ist in jedem Fall wirksam:

Legen Sie ein Foto der Person verdeckt auf den Tisch und darauf einen Kristall. Achten Sie darauf, daß der Kristall nicht auf der abgebildeten Person liegt, sondern neben ihr, also auf der Aura. Ich nehme gerne Amethyst, klaren Quarz oder rosa Quarz, aber Sie können auch Ihren Lieblingskristall verwenden. Um schwere psychische Angriffe abzuwehren, benutze ich mit Erfolg einen schwarzen Turmalin.

Geben Sie außerdem geeignete Blütenessenzen in Quellwasser, und bewahren Sie es in einer Flasche mit Pipette auf. Träufeln Sie zwei- oder dreimal täglich sieben Tropfen auf den Kristall. Essenzen von Petal Tone sind besonders hilfreich, da sie auf die Aura und die Chakras einwirken.

Bindungen lösen

In seinem Buch Return from Tomorrow beschreibt George Ritchie einen großen, starken, sehr erfolgreichen Mann, der beruflich und privat glücklich ist. Am Ärmel seines Mantels hängt seine Mutter und nörgelt pausenlos an ihm herum. Sie ist tot, aber sie weiß es nicht. Sie kann ihn nicht loslassen. Er sieht sie nicht; aber ab und zu reibt er gedankenverloren den Ärmel ab. Auf einer unbewußten Ebene weiß er, daß sie da ist, und ihre Meinung ist ihm immer noch wichtig.

Diese Szene erlebte Ritchie während eines Nahtod-Erlebnisses, als er eine Reise durch die Ebenen machte, die der Erde am nächsten sind. Sie zeigt anschaulich, wie nahe die Erde und die astralen Ebenen sich sind und wie sie einander beeinflussen. Die Mutter konnte ihren Sohn sehen und berühren. Aber Mütter und andere Leute brauchen nicht tot zu sein, um sich so anzuklammern. Starke Emotionen binden uns immer an ihr Ziel - wir haben »jemanden am Hals«, ein Freund »läßt uns zappeln«, eine Frau hat sich einen Mann »geangelt« und so weiter. Ich habe eine Mutter über ihr Kind sagen hören: »Sie ist so süß, daß ich sie fressen könnte.« Ein Mensch, den ich geliebt habe, »geht mir nicht aus dem Kopf«, und »ein Teil von mir ist mit ihm gegangen«. Die so geschaffenen Bande können positive oder negative Auswirkungen haben, aber alle lassen feinstoffliche Spuren zurück, und alle ermöglichen es dem anderen, uns zu beeinflussen. Wenn wir uns dieser Tatsache einmal bewußt werden, stellen wir möglicherweise fest, daß wir unseren Geist mit allerlei anderen Leuten teilen: mit Lehrern, Chefs, seit langem verstorbenen Verwandten, alten Freunden, die wir aus den Augen verloren haben, und uralten Feinden, die wir schon vergessen hatten. Nicht nur Angehörige klammern sich also an uns, wenn auch ihr Griff oft am stärksten ist, weil sie als erste zugepackt haben.

Mit dem inneren Auge können wir sehen, was uns festhält. Die Bande können Haken, Netze, Kabel, Baumstämme und vieles andere sein, was uns mit einem anderen Menschen verbindet. Sie mögen unauflöslich erscheinen; aber sie sind es nicht. Sie fesseln uns nur so lange, wie wir es zulassen; das heißt, wir können uns selbst befreien und unsere Autonomie zurückgewinnen. Wir müssen die emotionalen und feinstofflichen Bindungen sowie die Erwartungen, die sich angesammelt haben, durchtrennen. Das bedeutet nicht, bedingungslose Liebe zu lösen, wohl aber jene Zustände, die sich als Liebe maskieren. Leider ist »Liebe« oft nur ein Mittel, andere zu beherrschen. Wenn wir uns dem unterwerfen, was der andere für gut hält, verlieren wir unser Selbst und öffnen dem Mißbrauch Tür und Tor. Ohne starken Schutz geben wir vielleicht ein Stückchen von uns selbst einem Fremden, weil wir Wut, Leidenschaft oder Sympathie empfinden. Wenn wir unsere Grenzen nicht kennen, können wir »übersinnlichen Vampiren«, die von unserer Energie leben, nicht widerstehen. Im Namen der Liebe erlauben wir einem Angehörigen oder Partner, uns auszunutzen. Es gibt auch subtilere Quellen des Mißbrauchs: Erziehung, Religion, die Erwartungen der Gesellschaft, eine spirituelle Ausbildung. Vielen »Gurus« geht es um Macht, auch wenn sie ihre Absichten geschickt tarnen, und die Kirche hat jene, die sie angeblich retten möchte, ebenfalls fest im Griff.

Das Lösen starker Bindungen ist eine ernste Angelegenheit. Sie sollten es nur dann tun, wenn Sie glauben und fühlen, daß es richtig ist. Wenn Sie unschlüssig sind, müssen Sie sich zuerst mit Ihren Zweifeln auseinandersetzen. Sollten Sie das Gefühl haben, einem anderen etwas schuldig zu sein, ist die Loslösung wahrscheinlich am notwendigsten; denn Schuldgefühle erschöpfen und mißbrauchen beide Beteiligte. Das gleiche gilt, wenn Sie sich für jemanden verantwortlich fühlen. (Denken Sie daran, daß wir letztlich nur für uns selbst verantwortlich sein können.) Widerstreitende Emotionen sollten Sie aufgeben. Wenn Sie Liebe mit Unterstützung, Unterstützung mit einem abgekarteten Spiel und letzteres mit Verantwortung verwechseln, dann hat der andere Macht über Sie, und die unklare Situation hindert Sie daran, die Bindung vollständig zu lösen.

Im Laufe der Jahre habe ich viele Methoden kennengelernt, die geeignet sind, Bindungen zu lösen. Eine der einfachsten besteht darin, daß Sie die andere Person visualisieren und entschlossen sagen: »Ich hole alles zurück, was mir gehört, und ich gebe alles zurück, was dir gehört« und den anderen in Liebe gehen lassen. Viele Methoden wurden mir »gegeben«, als ich sie bei meiner Arbeit benötigte; sie kamen mir spontan in den Sinn und waren für den Menschen, um den ich mich bemühte, genau das Richtige. Es ist keine Überraschung, daß viele andere Leute die gleichen Methoden anwenden. Vor Jahren, als ich Bindungen löste, sagten einige Leute zu mir: »Oh, Sie müssen Phyllis Krystals Buch gelesen haben.« Ich kannte das Buch nicht; aber als ich an einem ihrer Workshops teilnahm, fielen mir die Ähnlichkeiten auf. Später beklagte ein deutscher Therapeut sich bei mir darüber, daß sie ihm seine Idee gestohlen habe. Uns allen war die Methode etwa zur selben Zeit »zugefallen«. Ich glaube fest daran, daß der Kosmos uns gibt, was wir benötigen, wenn wir ihm nur zuhören. Niemand kann sagen: »Das ist mein, ich hatte diese Idee zuerst.« Manche Ideen hat es schon immer gegeben.

Meine Einführung in das Lösen unerwünschter Bindungen erhielt ich von Christine Hartley, die es seit fünfzig Jahren praktizierte. Sie visualisierte ein Band zwischen den beiden Nabeln (eine Art feinstoffliche Nabelschnur) und schnitt es mit einer großen goldenen Schere durch. Manchmal benutzte sie einen Lichtreif, um die Schnur zu durchtrennen. Ich hatte das Gefühl, daß ich diese Methoden vervollständigen mußte, und heilte die »Wunden« mit Licht. Außerdem merkte ich, daß ich die Menschen während der Arbeit schützen mußte, und darum schuf ich Lichtkreise, in die sie sich stellten. Als ich herausfand, daß es viele verschiedene Fesseln gibt, benutzte ich auch unterschiedliche Methoden, um sie zu beseitigen - aber das heilende Licht benötigte ich immer.

Der Geist ist ein mächtiges Werkzeug. Wenn Sie in Ihrer Vorstellung etwas aus dem Körper entfernen, ohne die Stelle zu heilen, kann es sich durchaus materialisieren. Das ist besonders wahrscheinlich, wenn die Bindungen nur teilweise gelöst wurden. Ein gutes Beispiel dafür ist eine Frau, die sehr an ihrem drogensüchtigen Sohn hing und sogar unbewußt mit ihm zusammenarbeitete - sie kaufte zum Beispiel das Heroin und gab es ihm in immer kleineren Dosen, um ihn zu entwöhnen. Natürlich ergänzte der Sohn die Dosis seiner Mutter aus seinen eigenen Beständen. Er nahm nicht nur ihr Geld, sondern sie fühlte sich auch noch verantwortlich für seine Sucht, weil beide ein schlechtes Verhältnis zum Vater hatten. Sie vergeudete all ihre Energie mit Versuchen, ihn zu retten, und doch gab sie ihm alles, was er wollte. Als sie an einem Workshop von Phyllis Krystal teilnahm, war sie unschlüssig, ob sie die schädlichen Bindungen an ihren Sohn lösen sollte. Innerlich fürchtete sie, er werde dann die Unterstützung verlieren, derer er ihrer Meinung nach bedurfte. (Ein gutes Beispiel für die Verwechslung von Liebe und Unterstützung. Zudem war die Frau sich über ihre eigenen Gefühle nicht im klaren; denn sie wollte unbedingt, daß er sie brauchte.) Der Kopf sagte das eine - denn intellektuell begriff sie, daß er sein eigenes Leben führen mußte -, das Herz sagte etwas anderes, nämlich: »Ich bin für ihn verantwortlich.«

Während des Durchtrennens schlief sie ein, sagte aber nichts. Sie hatte einen Baumstamm gesehen, der ihren Nabel mit dem Nabel des Sohnes verband, und hatte mit einem Skalpell ein wenig davon entfernt. Einige Tage später kam sie mit wundem und blutendem Nabel zu mir. Sie berichtete, was geschehen war, und wir vollendeten die Trennung. Es dauerte mehrere Stunden, und wir hatten eine Menge Arbeit; doch schließlich war sie imstande, ihn in bedingungsloser Liebe gehen zu lassen. Nach der Trennung schlief sie zwölf Stunden, und ihr Nabel heilte. Ihr Sohn unterzog sich aus eigenem Antrieb einer erfolgreichen Entziehungskur.

Das geschieht oft. Wenn man Bindungen löst, ändert sich die Energie, und das Leben der Menschen wandelt sich zum Besseren. Das Lösen von falschen Bindungen stellt nicht nur die Autonomie wieder her, sondern auch die spirituelle Energie. Wir können besser leben, und wir befreien den anderen, so daß er ebenfalls besser leben kann. Es nützt allen Beziehungen, wenn man Fesseln löst. Selbst in einer liebevollen Beziehung sammeln sich immer mehr unerfüllte Erwartungen an. Wenn wir sie regelmäßig beseitigen, kann eine gesunde Beziehung gedeihen, und eine kranke kann sogar heilen. Ein Teil Ihres Schutzprogramms besteht darin, daß Sie alle Beziehungen überprüfen und herausfinden, ob ihnen eine Reinigung guttun würde. Wir vergeuden so viel Energie für Menschen, mit denen wir, ohne es zu merken, auf der feinstofflichen Ebene verstrickt sind, daß es sich lohnt, regelmäßig Fesseln zu lösen.

Als ich psychisch angegriffen wurde, erkannte ich, daß ein großer Teil der Energie, mit der ich bombardiert wurde, von mir selbst stammte, genauer gesagt, von dem Ort, an dem ich lebte. Dort floß nämlich starke, heilende Erd-Energie. Mein Feind hatte spirituell mit mir gearbeitet, und er konnte die Energie, die ich nutzte, anzapfen. Nachdem ich die Bindung an ihn gelöst hatte, zog ich den Stecker aus der Leitung, die ihm meine Energie zuführte. Er erschlaffte wie ein Ballon mit einem Loch. Um zu verhindern, daß ich noch einmal ausgenutzt wurde, schützte ich mich mit einem Lichtrohr, und von Zeit zu Zeit bestrich ich ihn und mich mit Laserlicht.

Inzwischen löse ich seit über zwanzig Jahren unerwünschte Bindungen, und ich benutze oft Abkürzungen wie den Laser oder einen visualisierten Müllbrenner. Sobald Sie die Grundlagen des Verfahrens verstanden haben, können Sie das gleiche tun. Wenn Sie den Rand der Aura kristallisieren, können Sie ebenfalls verhindern, daß sich neue Fesseln bilden.

Die folgende Übung ist meiner Erfahrung nach am leichtesten ohne Mühe zu bewerkstelligen. Es ist am besten, wenn Sie dabei allein sind und visualisieren; denn die Gegenwart der anderen Person kann die Wirkung zunichte machen. Die Kreise sollten sich nicht überschneiden (markieren Sie sie, wenn nötig). Es ist überraschend, wie weit Sie im Schutz Ihres Kreises hinausgreifen können. Wenn Sie Hilfe benötigen, bitten Sie um einen Führer. Eine Wiese ist ein guter Platz für die Meditation, aber manchen Leuten fällt es leichter, sich eine Küste, das Ufer eines Sees oder einen anderen friedlichen Platz vorzustellen. Es ist wichtig, daß Sie Ihre eigenen Bilder benutzen.

Während des Visualisierens können die Bindungen oder Fesseln in vielen Formen - als Netze, Haken, Kabel usw. - und an vielen Körperstellen erscheinen. Es kommt recht häufig vor, daß ein sexuelles Band Geschwister untereinander oder mit Eltern verbindet. Mit solchen Bildern drückt das Unterbewußtsein symbolisch eine emotionale Wahrheit aus, und darum sollte man sie akzeptieren. Ein Teil der Arbeit besteht darin, die Fesseln zu entfernen und die verbleibenden Wunden an beiden Personen zu heilen und mit Licht zu schließen. Danach müssen wir die Fesseln zerstören. Das geschieht am besten in einem großen Feuer; denn die Symbolik ist auch hier bedeutsam. Wenn das Feuer brennt, verwandelt es die Fesseln in Energie. Sie können die Fesseln auch mit Wasser auflösen oder wegspülen. Ich empfehle Ihnen nicht, sie zu begraben, denn symbolisch betrachtet werden Sie dadurch nicht von ihnen frei, und es kann sogar sein, daß sie sprießen und wieder wachsen. Aber ich habe in jahrelanger Praxis gelernt, daß man nicht dogmatisch sein darf. Es kann auch sein, daß eine Fessel gelegentlich durch Tod und Wiedergeburt transformiert wird, und das Beerdigungsritual wäre dann ein Teil des Prozesses.

Wenn es Ihnen schwer fällt, die Person, um die es geht, zu visualisieren - vor allem wenn sie seit langem tot ist oder wenn Sie Angst vor ihr haben -, legen Sie am besten ein Foto in den Kreis und arbeiten damit. Es kann durchaus hilfreich sein, wenn Sie einfach einen Kreis ziehen und dann die Person, von der Sie sich lösen sollten, um ihr Erscheinen bitten. Auf diese Weise können Sie unerwartete Erkenntnisse über alte Bindungen gewinnen, die Sie immer noch verwundbar machen.

Trennen Sie zuerst die Fesseln von sich selbst, und vergessen Sie nicht, jede Wunde zu heilen und mit Licht zu »pflastern«. Selbst wenn Sie dann »einschlafen« sollten, bleiben Sie geschützt. Wenn Sie die Fesseln durch Feuer oder ein anderes Mittel umwandeln, befreien Sie die spirituelle Energie und die Kreativität, die diese Fesseln eingeschnürt haben, und Sie spüren, wie neue Kraft Sie durchströmt.

Eines Dosis der Bach-Blütenessenz Walnut hilft Ihnen sehr beim Lösen der Bindungen. (Sie können Sie einige Tage im voraus einnehmen, wenn Sie glauben, daß die Loslösung schwierig sein wird.) Die Bush-Blütenessenz Dagger Hakea hilft Ihnen zu verzeihen, falls dies ein Problem sein sollte. Wenn Sie sich mit Crystal Clear besprühen, fällt Ihnen der Prozeß ebenfalls leichter.

Bindungen lösen durch Visualisation

Entspannen Sie sich, und stimmen Sie sich auf Ihr Vorhaben ein. Stellen Sie sich vor, Sie stehen an einem warmen, sonnigen Tag auf einer schönen Wiese. Ein sanfter Wind sorgt für wohltuende Frische. Sie spüren das Gras unter den Füßen; es kitzelt an den Zehen. Die Luft duftet angenehm.

Betrachten Sie die Wiese eine Weile, und suchen Sie dann einen Platz, der Ihnen gefällt. Halten Sie Ausschau nach einem großen, flachen Platz, wo Sie ein Feuer, fließendes Wasser (falls Sie es wünschen) und alles andere unterbringen können.

Ziehen Sie im Abstand einer Armlänge einen Kreis um sich herum. Sie können Farbe, Kreide, Licht oder etwas anderes verwenden. Dieser Kreis markiert Ihren persönlichen Raum.

Vor sich ziehen Sie einen zweiten, gleich großen Kreis, der den Ihren nicht berührt, und visualisieren darin die Person, von der Sie sich lösen möchten. (Wenn es Ihnen schwer fällt, diesen Menschen deutlich zu sehen, stellen Sie sich ein Foto vor, das im Kreis liegt.)

Erklären Sie dem Menschen vor Ihnen, warum Sie dieses Ritual vollziehen. Versichern Sie ihm, daß Sie ihm nicht Ihre bedingungslose Liebe entziehen (sofern vorhanden), sondern sich nur von alten Emotionen und feinstofflichen Bindungen befreien wollen, die im Laufe der Zeit entstanden sind, und daß Sie auch die Erwartungen der Gegenwart loswerden möchten.

Schauen Sie, wie die symbolischen Bande aussehen. Beseitigen Sie sie erst bei sich selbst - heilen und verschließen Sie die »Wunden« mit Licht -, dann an der anderen Person. Achten Sie darauf, daß Sie alle Fesseln lösen, vor allem jene am Rücken, die Sie leicht übersehen können. Werfen Sie die Fesseln außerhalb des Kreises auf einen Haufen, und umhüllen Sie sich und den anderen mit heilendem Licht.

Wenn Sie sicher sind, daß Sie alle Fesseln entfernt und die Wunden verschlossen haben, senden Sie dem anderen, sofern es Ihnen möglich ist, bedingungslose Liebe, Vergebung und Akzeptanz.

Geben Sie dann den anderen frei, und beobachten Sie, wie er geht.

Wenn Sie wollen, können Sie dieses Ritual mit einer anderen Person wiederholen.

Sammeln Sie nun alle Fesseln ein, und vernichten Sie sie. Das kann in einem großen Feuer oder in einem Fluß mit starker Strömung geschehen. Achten Sie darauf, daß alle Fesseln zerstört sind.

Wenn Sie ein Feuer benutzen, gehen Sie näher heran und spüren Sie, wie die transformierende Energie Sie wärmt, reinigt, heilt und stärkt, wie sie alle Leerräume füllt, die durch die Entfernung der Fesseln entstanden sein mögen. Nehmen Sie soviel Energie auf, wie Sie benötigen. Wenn Sie dazu imstande sind, gehen Sie ins Feuer und werden Sie wie ein Phönix aus den Flammen neu geboren. Um sich zu schützen, hüllen Sie sich in Licht.

Wenn Sie Wasser verwenden, gehen Sie hinein und waschen Sie sich. Reinigen Sie sich im Licht der Sonne, heilen und stärken Sie sich. Hüllen Sie sich dann in einen Schutzmantel.

Wenn Sie bereit sind, richten Sie Ihre Aufmerksamkeit wieder auf das Zimmer, atmen Sie tief, und nehmen Sie Ihre Umgebung bewußt in sich auf. Prüfen Sie, ob Ihr Schutzmantel vorhanden und Ihre Aura unversehrt ist, und senken Sie Ihre erdende Schnur tief in den Boden. Stehen Sie dann auf, und gehen Sie umher.

Wenn Ihnen das Visualisieren schwer fällt, träufeln Sie Crystal Clear oder eine Walnußessenz auf einen Kristall, den Sie auf das Foto des Menschen legen, von dem Sie sich lösen wollen. Sagen Sie in bestimmtem Ton: »Ich hole alles zurück, was mir gehört, und ich gebe alles zurück, was dir gehört.« Wiederholen Sie diese Prozedur einige Tage lang zweimal täglich. Wenn Sie fertig sind, verbrennen Sie das Foto.

Sie können Crystal Clear auch ins Badewasser geben und darum bitten, daß die Fesseln, die Sie an einen anderen Menschen binden, sich lösen.

Anmerkung: Wenn Sie Briefe, Fotos, Schmuck, Kleider usw. besitzen, die sie von der anderen Person bekommen haben, können Sie die Briefe oder Fotos verbrennen, vor allem wenn Sie wissen, daß die Energie des anderen Ihnen schadet. Kleider können Sie einer wohltätigen

Organisation spenden. Schmuck sollten Sie mit Crystal Clear reinigen oder - noch besser - verschenken oder verkaufen, damit Sie nicht mehr an Gegenständen haften, die mit dem anderen Menschen in Verbindung stehen. Von dem Geld kaufen Sie sich etwas, was Ihnen gut gefällt, zum Beispiel einen Kristall oder ein Schmuckstück, das Ihnen etwas bedeutet und das Ihre neue Freiheit symbolisiert.

Häufig ist es »Liebe«, die uns an andere bindet. Ein sexueller Kontakt kann uns selbst an Zufallsbekanntschaften fesseln. Manche Fesseln verhaken sich in bestimmten Chakras und sind Schuld an alten Problemen. Halskrankheiten können beispielsweise mit einem Menschen zusammenhängen, der unsere Fähigkeit erstickte, zu kommunizieren und die Wahrheit zu sagen. Das Herz-Chakra kann gestört sein, wenn jemand verhindert, daß wir offen und bedingungslos lieben, und das Kronen-Chakra ist möglicherweise blockiert, weil das Ich eines anderen, mit dem wir angeblich spirituellen Kontakt hatten, uns festhält. Es lohnt sich also, die Chakras zu überpüfen und festzustellen, ob noch unerwünschte Fesseln an ihnen haften:

Befreiung der Chakras

Stellen Sie sich vor, Sie stehen vor einem weißen Hintergrund. Wenn Sie möchten, treten Sie in einen Lichtkreis, der Sie schützt. Die andere Person kommt und stellt sich neben Sie.

Suchen Sie nun mit dem inneren Auge nach Fesseln an Ihren Chakras und an denen des anderen. Beseitigen Sie alle Fesseln und Haken. Reinigen und heilen Sie die Chakras mit einem Lichtwirbel. Danach behandeln Sie das nächste Chakra-Paar ebenso.

Wenn alle Chakras frei sind, lassen Sie die andere Person ihre Wege gehen, begleitet von Ihrer bedingungslosen Liebe.

Wenn Ihnen das Visualisieren schwer fällt, können Sie ein Pendel benutzen, um nach Chakra-Fesseln zu suchen, während Sie an den anderen Menschen denken. Blockaden können Sie mit geeigneten Kristallen beseitigen. Rosa Quarz ist zum Beispiel am besten für das Herz. Azurit reinigt das Rachen-Chakra und Moldawit das Dritte Auge. Die Essenz Herkimer Diamond reinigt jedes Chakra; aber Sie sollten es am Dritten Auge und am Kronen-Chakra vorsichtig benutzen, weil es dort sehr stark wirkt.

Der Schutz von Gruppen

Gruppen neigen zu der Annahme, daß sie schon deshalb geschützt sind, weil sie sich mit spirituellen Anliegen beschäftigen. Das trifft leider nicht zu.

Es gibt verschiedene schädliche Einflüsse auf eine Gruppe:

- Neid von Nichtmitgliedern
- Neid von Gruppenmitgliedern
- Disharmonie in der Gruppe
- Egoismus und Machtkämpfe
- unzureichende Führung
- Unwissenheit
- Sitzungen an einem ungeeigneten Ort
- falsche Ziele
- Mängel in der Persönlichkeit einzelner Mitglieder

Wie eine Gruppe sich bildet, welche Motive sie antreibt und wie die Mitglieder zusammenarbeiten, das alles entscheidet darüber, wie sicher die Mitglieder sind. Denken Sie daran, daß eine Gruppe nur so gut sein kann wie das spirituell schwächste Mitglied.

Als Novizin nahm ich einst an einer großen, von der Kirche geförderten Gruppe für spirituelle Entwicklung teil. Alle 25 Mitglieder unterschieden sich, was Wissen, Verständnis und Fähigkeiten betraf. Das Ziel der Gruppe war zwar die spirituelle Entwicklung, aber wir konzentrierten uns darauf, anderen »Botschaften« zu übermitteln. Tagungsort war eine spiritualistische Kirche, die viele Seelen anlockte, welche Kontakt suchten und dann dort blieben, anstatt weiterzugehen. Niemand kümmerte sich um sie.

Die Gruppe war unharmonisch, um es vorsichtig auszudrücken. Ein Ehepaar wollte sich trennen, aber die Scheidung war zu teuer. Sie sprachen nur über Dritte miteinander. Weder er noch sie wollte die Gruppe verlassen, und der Leiter forderte sie auch nicht dazu auf. Sie saßen sich gegenüber und starrten sich finster an. Zwei andere hatten eine Affäre. Er wollte seine Frau nicht verlassen, und sie war eifersüchtig und wütend. Er hatte Schuldgefühle. Zu allem Überfluß machte ihm eine andere

Frau in der Gruppe schöne Augen. Ein Mitglied war schizophren und tief verstört (später fuhr angeblich ein »böser Geist« in ihn). Ein Mann nahm harte Drogen. Eine Frau, die vor kurzem einen nahen Angehörigen verloren hatte, besaß hervorragende übersinnliche Fähigkeiten, um die viele sie beneideten; aber sie war völlig durcheinander. Sie war verheiratet, hatte aber nacheinander ein Verhältnis mit drei jungen Männern aus der Gruppe. Um das Maß voll zu machen, war der Leiter ein verkappter Schwuler, der den selben jungen Männern verstohlen Avancen machte. Die Gruppe war Schauplatz von Intrigen und widerstreitenden Emotionen, ein äußerst gefährlicher Aufenthaltsort. Leute kamen und gingen unaufhörlich.

An einem Donnerstagabend um halb acht, nach einem schnellen Gebet, setzten sich alle hin, um zu meditieren, selbstverständlich »in völliger Harmonie«. Man schickte einander telepathische Botschaften zu, von denen einige, wie nicht anders zu erwarten, reichlich gehässig waren. Viele Mitglieder waren nicht hellsichtig. Ich »sah« vergangene Leben. »Das gibt es nicht«, sagte der Leiter. Andere empfingen spirituelle Philosophie, Diagnosen oder wichtige Ratschläge. »Nein«, sagte der Leiter. »Sie sind hier, um sich mit den Toten in Verbindung zu setzen.« Er ließ nicht mit sich reden.

Ich brauche wohl nicht zu sagen, daß wir keinen Erfolg hatten. Dennoch bestand die Gruppe mehrere Jahre, weil der Führer Charisma hatte. Mitunter gab es Streit, und einige gingen. Neue Mitglieder kamen, von denen niemand wußte, ob sie spirituell und emotional zu uns paßten. Ich beobachtete die Gruppe aus der Ferne weiter, nachdem ich sie plötzlich verlassen hatte. Solange ich dabei war, »verpackte« ich mich so gut, daß ich telepathisch nichts aufnehmen konnte. Aber es war eine wertvolle Lektion.

Man kann die Mitglieder einer Gruppe nicht immer im voraus überprüfen. Wenn ich Workshops für Organisationen leite, weiß ich nicht, wer daran teilnehmen wird. Darum muß ich mich bemühen, die Gruppenenergie im Zaum zu halten und für die Sicherheit jedes Anwesenden zu sorgen. Das Ziel der Veranstaltung verlangt nicht immer völlige Harmonie unter den Teilnehmern. Eine Heilungs- oder Meditationsgruppe unterscheidet sich beispielsweise sehr von einer Gruppe, der es um vergangene Leben oder Astrologie geht. Erstere profitieren sehr von einer friedlichen Atmosphäre; bei Rückführungen müssen die Leute die Möglichkeit haben, aggressive Emotionen oder schlimme Erfahrungen ungefährdet auszusprechen, und hinterher muß man den »Müll« transformieren.

Als Tagungsort kommt ein dafür bestimmtes Heiligtum in Frage, aber auch ein Raum, in dem sich viele verschiedene Aktivitäten abspielen. Selbst in einem Gebäude, das für spirituelle Zwecke verwendet wird, versammeln sich oft unerwünschte Wesenheiten oder hilfesuchende verirrte Seelen. Manche Häuser stehen auf geopathischen Reizfeldern, was zu Problemen eigener Art führt. Es ist riskant, sich an einem solchen Ort spirituell zu öffnen. Man muß zuerst die Energien beseitigen. Crystal Clear ist dabei eine hervorragende Hilfe. Ein paar versprühte Tropfen reinigen den Raum im Nu.

Die beste Vorbereitung kann allerdings nichts gegen Disharmonien unter den Gruppenmitgliedern ausrichten. Eifersucht, Neid, Machtkämpfe und psychische Angriffe sind zwar in einer spiritualistischen Gruppe fehl am Platze - aber sie sind gang und gäbe. Nur ein starker Leiter kann solche negativen Energien zügeln und transformieren. Es kann notwendig sein, die Gruppe umzubilden oder ein destruktives Mitglied wegzuschicken; das hängt ebenfalls vom Ziel der Gruppe ab. Viele Leiter spiritueller Gruppen verlassen sich darauf, daß »die Liebe alles heilt«. Leider ist dies nicht immer der Fall, und manchmal ist es nicht einmal wünschenswert.

Zum Glück ist der Schamanismus sich der »dunklen« Kräfte immer bewußt gewesen, und wenn wir uns von ihm Techniken wie Räuchern, Rasseln oder Trommeln borgen, können wir oft negative Energien beseitigen und bestimmte emotionale Zustände von Gruppenmitgliedern lindern. Allerdings müssen wir bei jeder spirituellen Arbeit genau wissen, was wir tun. Ignoranz ist die größte Gefahr für eine meditative, okkulte, schamanistische oder therapeutische Gruppe. Die Energie einer Gruppe ist sehr groß, viel größer als die Summe der individuellen Energien. Darum wurden früher nur sorgfältig ausgewählte und vorbereitete Initianden in eine okkulte Gruppe aufgenommen, und der Leiter war eine erfahrene, feinfühlige und meist auch hochentwickelte Seele. Leider stehen manche Techniken heute allen machthungrigen Menschen zur Verfügung, die kaum jemals bereit sind, sich jahrelang darauf vorzubereiten. Und da die Macht verführerisch ist, gelingt es vielen charismatischen Führern, ihre Anhänger lange Zeit irrezuleiten. Diese Gefahr wird täglich größer.

Der beste Schutz ist also eine sorgfältige Auswahl der Mitglieder. Wenn Sie an einer Gruppe teilnehmen, achten Sie darauf, daß sie einen erfahrenen Leiter hat - Sie werden Ihre Ziele nicht erreichen, wenn einige Leute sich verschließen, weil es ihnen an Vertrauen mangelt. Sie müssen sich selbst und allen anderen vertrauen können. Das hat wenig mit der Persönlichkeit zu tun. Es ist nicht erforderlich, alle Teilnehmer zu mögen; es genügt, wenn Sie spirituelle Harmonie mit Ihnen empfinden. Von Leuten, die Sie nicht mögen, können Sie sogar eine Menge lernen; denn sie reflektieren, was Ihnen an sich selbst nicht gefällt. Ihr größter Feind kann sich daher als Ihr bester Freund entpuppen, wenn auch maskiert. Wählen Sie solche Gruppen aus, deren Ziel Ihnen keine Angst einflößt, sondern mit Ihrem tiefen Ziel und Ihrer spirituellen Orientierung übereinstimmt.

Sie können sich auf eine Gruppe vorbereiten. Lassen Sie den Alltag draußen, wenn Sie den Sitzungsraum betreten. Dann können Sie sich besser auf das spirituelle Ziel der Gruppe konzentrieren. Das Bach-Blütenmittel White Chestnut verhindert abschweifende Gedanken.

Förderung der Gruppenharmonie

Um die Harmonie unter den Mitgliedern einer Gruppe zu stärken, nehmen alle die FES-Essenz Quaking Grass (Zittergras). Dann bilden sie einen Kreis und halten sich an den Händen. Sie stellen sich vor, daß Licht durch alle Mitglieder und durch die verschränkten Hände strömt. (Wenn nötig, können sie dies durch eine reale Schnur symbolisieren.) Bevor sie sich lösen, bitten sie darum, daß das Band aus Licht erhalten bleiben möge. (Mitglieder, die die Gruppe verlassen, müssen vom Lichtband befreit werden.)

Ein sicherer Raum für die Gruppe

Der Gruppenleiter ist dafür verantwortlich, daß der Raum vorbereitet ist; aber eine fortgeschrittene Gruppe kann diese Aufgabe gemeinsam übernehmen. Wenn sie zwei- oder viermal zusammen visualisiert haben, wird daraus ein automatischer Vorgang, während sie auf dem Weg zum Treffpunkt sind. (Visualisieren Sie nie beim Autofahren. Senden Sie nur die gedankliche Bitte aus, der Raum möge vorbereitet sein.)

In physischer Hinsicht können Sie einen Raum vorbereiten, indem Sie eine Räucherkerze verbrennen, Crystal Clear versprühen, Kristalle auslegen, eine Kerze anzünden, einen Altar aufstellen usw. Mit indischen Zymbeln oder einer tibetischen Klangschale können Sie negative

Energie beseitigen und den Beginn der Arbeit ankündigen. Sie können auch einzelne Mitglieder beräuchern.

In spiritueller Hinsicht bereiten Sie den Raum durch Visualisation, Gebet und Anrufung schützender Wesenheiten vor (es kommt darauf an, woran die Mitglieder glauben und welche Ziele sie verfolgen). Die Teilnehmer können die FES-Essenz Quaking Grass nehmen, um ihre Egos zu vermischen und Gruppenharmonie zu erzeugen. Wenn Sie in die Mitte der Gruppe einen Hämatit legen, fördern Sie das gegenseitige Vertrauen, und die Gruppe bleibt geerdet. Die Teilnehmer können sich aber auch einen anderen Kristall als Symbol der Einheit aussuchen.

Schutz einer Gruppe

Visualisieren Sie ein helles, weißes Licht in der Mitte des Raumes. Spüren Sie, wie intensiv es ist. Lassen Sie das Licht wachsen und sich allmählich ausdehnen, bis es den ganzen Raum erfüllt und jede negative Energie transformiert.

Bitten Sie das Licht, verirrten Seelen den richtigen Weg zu zeigen und alle Wesenheiten zu entfernen, deren Anwesenheit mit dem spirituellen Gruppenziel nicht vereinbar ist. Das Licht ist ein feinstofflicher Besen, der den Raum auskehrt.

Lassen Sie das Licht dann eine schützende Barriere um den Raum herum bilden, so daß nur noch die höchsten spirituellen Kräfte durchkommen, andere aber nur, wenn sie eingeladen werden.

Wenn die Gruppe mit Schutzwesen oder Türhütern arbeitet, rufen Sie sie herbei und bitten Sie sie, bis zum Ende der Sitzung zu bleiben.

Wenn Ihnen das Visualisieren schwer fällt, spüren Sie, wie die Energie des Lichtes, seine sanfte Wärme und seine mächtigen Schwingungen Sie einhüllen.

So beenden Sie ein Gruppentreffen

Konzentrieren Sie das Licht wieder in der Mitte des Raumes. Mit den Mitgliedern bleibt es durch Lichtsäulen verbunden. Jeder einzelne entnimmt dem Licht, was er benötigt: Heilung, Energie oder Reinigung; dann hüllt das Licht alle Anwesenden ein und bildet einen Schutzmantel, den nichts unaufgefordert durchdringen kann. Achten Sie darauf, daß Ihre erdende Schnur vorhanden ist, und schließen Sie, wenn nötig, die Chakras.

Dann sendet die Gruppe das Licht durch den Raum, um ihn mit Energie zu erfüllen und zu reinigen. Wenn viel positive Energie, vor allem heilende Energie, erzeugt worden ist, bitten Sie darum, daß sie dorthin geht, wo jemand ihrer bedarf.

Wenn Schutzwesen zugegen sind, danken Sie ihnen und bitten Sie darum, daß ihre schützende Energie jedes Mitglied auf dem Weg nach Hause begleiten möge.

Geopathische Störfelder

Heute wird immer mehr anerkannt, daß die Erdstrahlen, in denen wir leben, unseren physischen und feinstofflichen Körper beeinflussen. An manchen Orten sind die Schleier zwischen den Welten überaus dünn, oft dort, wo Energielinien sich kreuzen. An solchen Orten können wir leicht in eine andere Dimension überwechseln und die Bewohner dieser Ebenen können mühelos auf unsere gelangen. An solchen Kreuzungen treten auch Gespenster auf, das sind »feinstoffliche Videos« verstorbener Menschen. Gefährdet sind auch Gebäude, die auf alten heiligen Plätzen oder Grabstätten stehen. Darum gibt es »Unglückshäuser«, deren Bewohner mit dem Leben nicht zurechtkommen oder viele Traumata erleiden. Die Ursache solcher Erlebnisse können aber auch Todesfälle im Haus sein. Auf jeden Fall stehen diese Häuser auf geopathischen Problemzonen.

Ich kenne ein Haus, das auf einem sehr starken Störfeld zwischen zwei heiligen Plätzen gebaut wurde. Außerdem wird es von Radarstrahlen der Armee erfaßt und steht in der Nähe eines riesigen Grabhügels. Mehrere Rutengänger haben bestätigt, daß sich unter dem Haus ebenfalls ein Grab befindet - und daß die Geister sehr unglücklich über die Zerstörung des Ruheplatzes ihrer Knochen sind. Das Haus steht auf einem abgelegenen, einsamen Platz. Es besaß einen Generator, der die extrem starken Erdstrahlen absorbierte und durch die Stromkabel in alle Räume leitete. Die Bewohner waren körperlich krank, ihr Leben war ein Chaos, und sie wurden von Geistern belästigt. Alle Kinder im Haus waren gestört. Als ein Rutengänger das Haus betrat, der auf die Reinigung solcher Orte spezialisiert war, befreite er mehrere verirrte Seelen, legte Drähte aus, um die negative Energie abzuwehren, und stellte fest, daß die Körper der Bewohner umgekehrt polarisiert waren. Auch das letztere brachte er in Ordnung. Die Energien waren jedoch derart stark, daß diese Maßnahmen nicht ausreichten, und letztlich gab es für die Bewohner nur eine Lösung: Sie mußten sich ein gesünderes Heim suchen.

Manche Erdfelder strahlen positive, andere negative Energie aus. Daneben gibt es noch zahlreiche andere Energiefelder, die geopathischen Streß verstärken: Wasseradern, Stromleitungen, Radar usw. Ein guter

Rutengänger kann sie lokalisieren und ihre Auswirkungen auf das Gebäude und dessen Bewohner abschätzen. Rutengänger, die solche Orte reinigen, können Ihnen sagen, wo Sie Kristalle hinlegen, Pfähle einschlagen usw., um die Energien zu harmonisieren. Ein Feng-Shui-Experte kann in solchen Fällen äußerst hilfreich sein.

Was hat geopathischer Streß mit spirituellem Schutz zu tun? Er kann die Gesundheit schädigen und unwillkommene Gäste anlocken. Wenn Sie wenig körperliche Energie haben, mangelt es Ihnen fast mit Gewißheit auch an spiritueller Energie. Dann können übersinnliche Invasoren und Vampire Ihnen eher schaden. Und wenn Sie zufällig einen Kristall auf ein Störfeld legen, verstärkt er die Energie, einerlei ob sie »gut« oder »schlecht« ist.

Wenn Sie also vermuten, daß Sie unter geopathischem Streß leiden, rufen Sie einen Fachmann. Er muß nicht unbedingt ins Haus kommen; oft genügt eine Karte oder ein Plan. Wenn die Energie besonders stark oder negativ ist, muß der Rutengänger wohl bei Ihnen vorbeikommen. Wenn er die geopathische Belastung entschärfen kann, haben die Kosten sich gelohnt.

Hilfreich sind in diesen Fällen Radiation Essence (Strahlungsessenz) und Yarrow Special Formula; beide wurden geschaffen, um geopathischen Streß abzuwehren. Es gibt auch verschiedene Geräte, Scheiben usw. auf dem Markt; aber der beste Ratgeber ist ein Experte.

Ein Kenner des Feng Shui wird Ihnen sagen, daß die in Ihrem Haus erzeugten Energien sich auf das *chi* und damit auf das Wohlbefinden auswirken, auch ohne geopathische Belastung.

Vor allem der Schlafplatz hat Einfluß darauf, wie Sie schlafen. Betten sollten nicht hinter einer Tür stehen, weil dadurch der Strom des *chi* unterbrochen wird. Sie sollten auch nicht an einem Platz schlafen, von dem aus Sie sich im Spiegel sehen können. Das könnte die ätherische Energie stören und Schlaflosigkeit und schlechte Träume hervorrufen. Es schwächt die körperliche Energie und erzeugt unharmonische Schwingungen im physischen Körper. Wenn Sie das Bett oder den Spiegel umstellen, sind Sie im Schlaf geschützt.

Das Reinigen von Kettenbriefen

Wir alle kennen diese Briefe, die uns mit Drohungen einschüchtern wollen oder uns Glück versprechen, wenn wir Kopien an unsere Freunde schicken. Das Problem besteht darin - selbst bei »Segensbriefen« -, daß wir kaum jemals wissen, woher sie kommen. Wenn wir es wissen, ist es am besten, sie zurückzuschicken. Wer uns einen Drohbrief schickt, ist gewiß nicht unser Freund, und darum kann uns seine Reaktion gleichgültig sein. Wenn unser Schutz stark ist und wir den Brief mit Segenswünschen zurückschicken, wird niemand geschädigt. Sollte der Brief von einem Menschen stammen, der Ihnen nahesteht, dann reden Sie mit ihm. Grübeln Sie nicht lange, damit Sie nicht unter den Folgen leiden. Wenn es sich um einen Segensbrief handelt, sollten Sie dem Absender sagen, daß Sie nicht mitmachen wollen. Ich schicke solche Briefe ans Universum zurück, wenn ich den Absender nicht kenne, und vertraue darauf, daß es sich um ihn und den Brief kümmern wird.

Seit einigen Jahren gibt es eine neue Art von Kettenbriefen. Eigentlich sind es zwei Arten: eine, die Segen und Glück verspricht, und eine, die zu einer Geldspende auffordert. Erstere sende ich immer ans Universum zurück, letztere schicke ich dem Absender mit dem Vermerk, daß ich mich nicht beteiligen kann. Ich habe schon bis zu vier solcher Briefe in der Woche bekommen, und selbst wenn ich hätte mitmachen wollen, wäre es eine zu teure Angelegenheit gewesen.

Eines Tages kam ein Brief von einem Astrologen, den ich sehr respektierte. Alle Namen auf dem Brief waren Leute, die ich kannte und schätzte. In dem Brief stand: »Normalerweise tue ich das nicht; aber dies ist eine Ausnahme.« Drohungen gab es nicht. Man sollte lediglich Geld an die Adressen auf der Liste schicken. Jeder Teilnehmer brauchte das Geld für wertvolle Projekte. Damals war ich in sehr schlechter Verfassung. Die Ursache dafür war der schwere übersinnliche Angriff, der mir meine Energie und mein Geld geraubt hatte. Ich wollte ein Buch schreiben, hatte aber weder Geld noch Zeit. Und dieser Brief bot mir Geld an, sogar eine hübsche Summe, als Gegenleistung für eine kleine Spende. Das Geld hätte mir Zeit zum Schreiben verschafft. Die Idee war verführerisch, und der Brief schien zur rechten Zeit zu kommen. Lächelte das Universum mir endlich wieder zu? Ich machte mir die Entscheidung nicht leicht. Durfte ich gegen den Grundsatz verstoßen, an den ich mich über dreißig Jahre gehalten hatte - keinen Kettenbrief zu beantworten? Gewiß, ich glaubte daran, daß das Universum mir helfen würde; aber dies kam mir doch zu einfach vor. Obwohl ich nie gut in Mathematik war, erkannte ich den Haken bei der Sache. Trotzdem hatte ich Zweifel. Schließlich schickte ich meine zwanzig Kopien an eine sorgfältig zusammengestellte Liste von Leuten und wartete auf die Reaktionen. Wenn die Empfänger nicht mitmachten, wollte ich keine anderen suchen.

Nun, ich hatte offenbar eine Lektion zu lernen. Ich verärgerte viele Leute, die Kettenbriefe aller Art verabscheuten. Andere hatten Mitleid mit mir und schickten mir die fünf Pfund, wollten sich aber nicht weiter beteiligen. Einige waren begeistert und antworteten sofort. Ich bekam genauso viel Geld, wie ich ausgegeben hatte. Natürlich weiß ich nicht, ob ein festerer Glaube mir mehr Geld beschert hätte; aber ich habe noch niemanden getroffen, der sich an einem Kettenbrief beteiligt und dabei etwas gewonnen hat.

Seltsam ist nur, daß ich seit diesem Vorfall keine derartigen Briefe mehr bekommen habe. Die »Kette« ist also durchbrochen worden. Wie schön, wenn ich mit unerwünschter Werbung ebenso verfahren könnte! (Ich weiß, man kann sich an eine bestimmte Adresse wenden - aber die Reklameflut hört trotzdem nicht auf.)

Rückgabe eines Briefes ans Universum

Feuer ist ein mächtiger Reiniger; es kann negative Energie transformieren. Das Universum ist kollektive Energie, die alles einschließt. Wenn Sie also einen Brief durch Verbrennen dem Universum zurückgeben, wird die Energie transformiert und das Universum kann sich zum Wohle des Ganzen um die Angelegenheit kümmern.

Wenn Sie wollen, können Sie den Brief zuerst räuchern oder Weihrauch ins Feuer geben; aber das muß nicht sein. Sie können entweder ein offenes Feuer oder einen feuersicheren Behälter verwenden.

Zünden Sie den Brief an, und schauen Sie zu, wie die Energie verbrannt und gereinigt wird. Visualisieren Sie, wie der Brief zum Universum, zum Ganzen, zurückkehrt und seine negative Wirkung neutralisiert oder sein Segen allen übermittelt wird. Achten Sie darauf, daß er ganz verbrennt, und streuen Sie die Asche in den Wind.

UND DANN VERGESSEN SIE IHN VOLLSTÄNDIG UND FÜR IMMER.

Das gleiche Verfahren können Sie auch bei anderen Briefen anwenden, die Sie reinigen möchten. Es ist auch nützlich, wenn Sie unerwünschte Bindungen lösen und noch Liebesbriefe, Fotos usw. von der anderen Person haben. Es ist nicht immer ratsam, an Erinnerungen in greifbarer Form zu haften. Das Feuer transformiert sie.

Feuer läutert auch die Energie, die nach einem Streit zurückbleibt. Ich habe einmal sechzig Belegexemplare eines Buches verbrannt, in dem es um einen Mann ging, mit dem ich große Schwierigkeiten hatte. Es war ein wunderbares Gefühl. Jedesmal, wenn ich das Feuer schürte, starrte sein Gesicht mich an - bis die Flammen ihr Werk vollbracht hatten. Allmählich löste er sich vor meinen Augen auf. Die mit diesem Buch verbundenen Probleme hatten mich deprimiert; aber mit jedem verbrannten Exemplar fühlte ich mich besser. Die Energie wurde transformiert, und es gelang mir, mich von all meinem Groll zu lösen.

Talismane

Gehen Sie in Griechenland in ein Souvenirgeschäft. Sie werden es mit einem kleinen Türkis verlassen, der Sie beschützt und Ihnen Glück bringt. Gehen Sie in einen Laden in Ägypten - Sie erhalten einen Türkis-Skarabäus, der dem gleichen Zweck dient. Wenn Sie dem Besitzer des Ladens gefallen, brauchen Sie vielleicht nicht einmal etwas zu kaufen, um den Talisman zu bekommen. Überall in Ägypten bieten kleine Jungen Ihnen einen Skarabäus zum Kauf an. Er ist ein uraltes Symbol des ewigen Lebens, des Glücks und der Gesundheit. Talismane oder Amulette wurden schon vor Jahrtausenden gegen den »bösen Blick« und gegen Hexerei benutzt. Sie schützten den Träger und brachten ihm Glück, solange er lebte. Nach dem Tod sorgten sie für eine sichere Reise in die andere Welt. Heutzutage werden auf den Anzeigenseiten esoterischer oder astrologischer Zeitschriften Amulette angepriesen, die Sie vor allem Übel schützen oder alles anziehen, was Sie sich wünschen - sofern Sie bereit sind, den Preis dafür zu zahlen. Aber auch ein Stein, den Sie aufheben, ein Stück Holz, dessen Form Ihnen gefällt, kann ein Talisman sein - alles, woran Sie Ihre Freude haben.

Ein Talisman ist ein Gedanke, der Form angenommen hat. Er mahnt uns ständig zur Vorsicht und hilft uns somit, Ziele zu erreichen und Wünsche zu verwirklichen. Da Gedanken große Macht haben, kann ein Talisman äußerst wirksam sein. Sie können vorgefertigte Talismane kaufen; aber es ist am besten, wenn Sie einen Gegenstand mit Ihren Schwingungen und Bedürfnissen imprägnieren.

Ein Talisman kann ein geschliffenes Juwel sein. In der Antike war der Türkis sehr beliebt, in Arabien bevorzugte man allerdings den Karneol. Die alten Römer trugen einen Chrysolit als Schutz gegen Magie und, in Gold gefaßt, gegen Alpträume. Auch ein Stück Papier mit einem Symbol kann ein Talisman sein. Die Chinesen hielten rotes Papier für besonders wirksam. Der Beutel des Schamanen und die jüdischen Gebetsriemen sind Amulette. Form und Materialwert sind unerheblich; wichtig ist nur, was der Talisman verkörpert. Symbole sind wirksam, weil sie seit Jahrhunderten bestimmte Vorstellungen und Schwingungen hervorrufen.

Viele auf Talismanen dargestellte Symbole sind auf der ganzen Welt seit Jahrtausenden bekannt.

Salomos Siegel ist heute als Juden- oder Davidsstern bekannt, aber es erscheint auch in Indien und anderen Kulturen. Seine ineinander verschlungenen Dreiecke schützen den Träger vor dem Bösen.

Hände werden in vielen Ländern benutzt, um den bösen Blick und Hexerei abzuwehren. Die Hand Fatimas ist in der ganzen muslimischen Welt an Häusern und Fahrzeugen zu sehen; sie schützt die Bewohner und Insassen.

Das Ägypten der Pharaonen brachte zahlreiche Talismane hervor. Die Menschen trugen herzförmige Edelsteine, damit schwarze Magier nicht ihre Seele stehlen konnten. Das Ankh, die »Lebensschleife«, gewährte vollständigen Schutz. Die Göttin Isis war und ist eine große Schutzgottheit.

Die Gürtelschnalle galt als besonders wirksam. Sie bestand meist aus Karneol und schützte den Träger vor allem Übel. Eine schöne Inschrift bittet Isis: »Hülle mich in deine Schwingen, und beschütze meine Tage.«

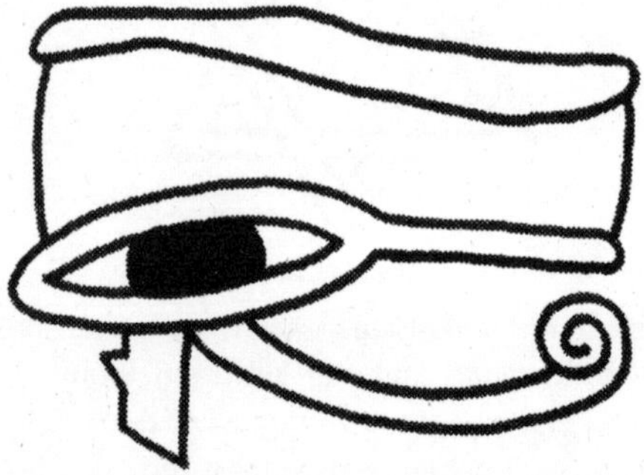

Das Auge des Horus galt ebenfalls als mächtiger Schutz gegen schwarze Magie und wurde benutzt, um Kraft und Mut zu gewinnen. Es war Teil des zeremoniellen Schmucks, der als Talisman getragen wurde, und die meisten Pharaonen wurden mit mindestens einem Auge des Horus am Hals begraben. Tutenchamun trug zu Lebzeiten und im Tod mehrere dieser Talismane bei sich.

Sowohl das Ankh als auch die Gürtelschnalle der Isis wurden vom Christentum als Kreuz übernommen. Angeblich treibt es Teufel aus und schützt vor bösen Geistern, und da es seit zweitausend Jahren benutzt wird, besitzt es spirituelle Macht.

Wenn Sie einen Talisman herstellen möchten, zeichnen Sie einfach ein geeignetes Symbol auf ein Stück Papier oder Pergament. Zeichnen Sie ganz bewußt und konzentriert. Bitten Sie darum, daß der Talisman Ihnen den Schutz gewähren möge, den Sie benötigen. Natürlich können Sie daraus eine richtige Zeremonie gestalten und magische Worte murmeln, Kerzen anzünden usw. In der Magie gibt es viele schützende Amulette und Zaubersprüche. Aber es genügt im Grunde, wenn Sie Ihren Willen und Ihre Absichten bündeln. Am besten tragen Sie den Talisman bei sich.

Sie können auch einen Edelstein kaufen, auf dem ein Symbol Ihrer Wahl dargestellt ist. Visualisieren Sie den Schutz, den Sie benötigen. Seien Sie dabei präzise. Wenn der Stein auf Ihre Schwingungen abgestimmt ist, sollten Sie ihn immer bei sich tragen, damit Sie an seinen Zweck denken und ihn mit noch größerer Macht ausstatten.

Blüten- und Edelsteinessenzen

Blütenessenzen sind »Schwingungsmedizin für das 21. Jahrhundert«. Aber sie gehören auch zu den ältesten Arzneien. Seit Tausenden von Jahren werden Blüten und Kräuter benutzt, weil sie auf subtile Weise heilen und schützen. Knoblauch schreckt nach der Überlieferung Vampire und andere böse Wesen ab. Johanniskraut wurde früher als magisches Kraut zusammen mit Schilf verstreut und im Feuer verbrannt, um den Glauben an die göttliche Führung zu stärken. Flohkraut schützte gegen den bösen Blick. Auch den Edelsteinen wurde immer eine Schutzwirkung zugeschrieben; zum Beispiel schützte Amethyst angeblich vor Trunkenheit. Vor fünftausend Jahren sammelten die Ägypter Blütentau und mahlten Edelsteine, und die australischen Ureinwohner nehmen heute noch »Blütenbäder«.

Als der junge Pharao Tutenchamun begraben wurde, wickelte man die Mumie in Amulette und Talismane. Schutzgottheiten umringten ihn und die anderen Pharaonen. Um den Hals legte man ihm Blumengirlanden. Einige der verwendeten Pflanzen wurden damals mit Wiedergeburt und dem Leben nach dem Tod assoziiert. Der blaue Lotos, der sich am Tag öffnet und sich nachts schließt, um dann im Nil zu versinken, galt als sehr heilig, weil er Geburt, Tod und Auferstehung imitierte. Die Abacate, ein Baum, der immer Früchte trägt, symbolisierte das Alte und das Neue zugleich. Auch die Stechpalme war ein Symbol der Wiedergeburt, und sie half der Seele, Chaos und Unentschlossenheit nach dem Tod zu überwinden. Außerdem schützte sie vor Platzangst (wer Tutenchamuns Grab gesehen hat, weiß, wie klein es ist). Die Sumerer rieben Schwangeren den Bauch mit Alraunwurzeln ein, um die Geburt des Kindes in eine neue Welt zu erleichtern.

Vielleicht wollten die Priester in ihrer Herzensgüte dem jungen König ein glückliches Leben nach dem Tod verschaffen. Aber möglicherweise hatten sie auch andere Motive. Die Mumie war nämlich schrecklich verstümmelt, vermutlich weil der Pharao vor dem Tod geschlagen und gemartert worden war. Die Weidenzweige im Grab sollten wohl Bitterkeit und Groll verhindern und dem König den Neubeginn in einer von ihm geschaffenen angenehmen Realität ermöglichen. Kornblumen förderten die Selbstliebe und die Freude über den Wandel; sie schützten übersinnliche Fähigkeiten und heilten bezeichnenderweise Verletzungen als Folge der Inthronisierung. Tutenchamun war der Pharao, der die Verehrung der alten Götter wieder eingeführt hatte. Sein Vorgänger Echnaton hatte die alten Götter zugunsten des Einen verbannt und damit viele Priester arbeitslos gemacht, was ihnen verständlicherweise nicht gefiel. Hatten die Priester den jungen Pharao Tutenchamun gefangengehalten und sogar ermordet? Hatten sie seinen Leichnam mit Blüten bedeckt, damit sein Geist sie nicht heimsuchte? Oder wurde er während eines Machtkampfes am Hofe umgebracht, und man wollte sein unglückliches *Ka* besänftigen?

Wir werden es nie genau wissen; aber wir können heute die gleichen schützenden Methoden anwenden.

Blütenessenzen sind ein subtiles Heilverfahren auf der feinstofflichen Ebene. Sie wirken selbst in den äußeren Schichten der Aura und somit auf der körperlichen, emotionalen, mentalen und spirituellen Ebene des Seins. Für die Chakras gibt es ebenfalls Essenzen. Sie sind nicht giftig und heilen auf sanfte Weise. Viele wirken vorbeugend und heilend zugleich. Meist werden sie durch Einweichen von Pflanzen oder Blüten in Quellwasser hergestellt, oft unter den Strahlen der Sonne. Dann füllt man das Wasser, mit Brandy vermischt, in Flaschen, die man lagern kann. Vor dem Gebrauch wird die Flüssigkeit verdünnt. Die englischen Bach-Blütenessenzen sind das Original; aber es gibt heute viele andere Firmen, die Essenzen für beinahe jeden Zweck liefern. Die Anwendungsbereiche und Dosen sind unterschiedlich. Die meisten Essenzen werden jedoch in Dosierungsfläschchen verkauft, die einige Tropfen der reinen Essenz in Quellwasser oder in Wasser und Brandy enthalten. Davon nimmt man zwei- bis dreimal am Tag mehrere Tropfen. Sie können Essenzen auch ins Badewasser geben, damit die Haut sie aufnimmt. Die Essenzen von Petal Tone unterscheiden sich ein wenig von den anderen: Man trägt sie äußerlich auf die Chakras auf oder versprüht sie im Zimmer. Am Ende des Buches finden Sie nützliche Anschriften von Lieferanten, die Ihnen auch sagen, wie Sie die einzelnen Essenzen am besten verwenden.

Wenn Sie emotionale oder andere Störungen behandeln wollen, sollten Sie einen Therapeuten fragen, welche Essenzen für Sie geeignet sind. Arzneien werden oft als Kombination verordnet, und es gibt unterschiedliche Methoden, sie zu testen: Muskeltest, Rute, Vega-Maschine usw. Manche Arzneien wirken bei jedermann, und mehrere Firmen liefern

Kombinationsessenzen für bestimmte Zwecke. Ich spreche hier Essenzen an, die meinen Klienten und mir gut getan haben; aber es gibt viele andere Essenzen, die ebenso wirksam sind.

Wenn Sie an der Wirksamkeit von Blütenessenzen zweifeln, kann die Kirlian-Fotografie Ihnen einen graphischen Beweis liefern. Um Vita Florum zu testen (eine Kombination von Essenzen, die Elizabeth Bellhouse zusammenstellte), wurde die Hand einer Frau aufgenommen, deren Energiefeld extrem schwach war. Auf dem Foto war die Hand von sehr wenig Licht umgeben. Die Frau nahm eine Dosis Vita Florum, und man machte weitere Fotos in Minutenabständen. Schon nach einer Minute war das Licht stärker, und nach drei Minuten leuchtete es hell - das Energiefeld war wiederhergestellt. Andere Essenzen sind ähnlich wirksam. Wenn Sie den Muskeltest machen und das Ergebnis unbefriedigend ist, läßt es sich durch eine geeignete Essenz sofort verbessern.

Blüten und Kräuter spielen auch in der Aromatherapie eine wichtige Rolle. Man kann die Öle beim Heilen oder einer anderen spirituellen Arbeit auf einem Spezialbrenner verbrennen, um Wohlbefinden und Entspannung zu fördern; und man kann sie ins Badewasser geben, in die Haut massieren oder im Zimmer versprühen, um es zu reinigen und zu schützen.

In diesem Buch verwende ich folgende Abkürzungen, vor allem für die Liste der Blütenessenzen:

- FES: Flower Essence Services California (auch als Californian Essences bekannt)
- Bush: Australian Bush Flower Essences
- Gem: Flower and Gem Remedy Association
- Petal: Petal Tone Essences
- Himalayan: Himalayan Flower Enhancers
- Desert Alchemy: Desert Alchemy Flower Essences aus der Wüste von Arizona
- Findhorn: Findhorn Flower Essences
- Harebell: Harebell Remedies
- LES: Living Essences of Australia

Manche Essenzen sind von verschiedenen Firmen lieferbar. Die Lieferanten informieren Sie gerne (siehe »Nützliche Anschriften«)

Schützende Blütenessenzen

Für einzelne:

- Abschluß der spirituellen Arbeit: Fringed Violet, Flannel Flower (Bush)
- Alpträume: Dog Rose (Bush)
- Astralreisen: Mouse Eared Chickweed (Harebell), Crowea (Bush), Sundew (Bush)
- Aura: White Yarrow (Alaskan), Fringed Violet (Bush), Angelsword (Bush), Auric Protection (Gem, Second Aid), Aura Balancing and Strengthening Formula (Himalayan)
- Aura-Grenzen, unscharfe: Wild Grape (Desert Alchemy). Risse: Walnut (Bach). Fehlende: Centaury (Bach)
- Beruhigung des Geistes: White Chestnut (Bach), Black Eyed Susan (Bush), Boronia (Bush)
- Besessenheit: Angelsword (Bush)
- Bindungen lösen: Walnut (Bach), Clear Tone (Petal)
- Channelling: Angelsword (Bush), Green Spider Orchid (Bush)
- »Dunkle Nacht der Seele«: Mustard, Sweet Chestnut (Bach), Waratah (Bush), Gateway (Himalayan)
- Emotionen, vergiftete: Holly (Bach), Crab Apple (Bach), Sagebrush (FES)
- Erdung: Sundew (Bush), Corn (FES), Shooting Star (FES, Alaskan), Crowea (Bush), Clematis (Bach), Marizarite (FES), Spirit Ground (Petal), Moss Agate (Gem), Red Lily (Bush)
- Erschöpfung: Dynamis (Bush), Life-Force (Findhorn), Straw Flower (FES), Olive (Bach)
- Furcht: Dog Rose (Bush), Rock Rose (Bach), Mimulus (Bach), Garlic (FES)
- Furcht vor psychischen Angriffen oder dem Übernatürlichen: Grey Spider Flower (Bush), Pennyroyal (FES)
- Gedankenformen, Auflösung: Aura Blue (Petal)
- Geistige Klarheit: Cognis Essence (Bush)
- Geopathische Störfelder: Radiation Essence (Bush), Yarrow Special Formula (FES), Iug Kenya Energetic Protective Shield (Gem)
- Groll: Dagger Hakea (Bush), Holly (Bach), Willow (Bach)

- Innere Führung: Mullein (FES), Bush Iris (Bush)
- Meditation: Clear Light (Findhorn), Meditation Essence (Bush), Fringed Violet (Bush), Bush Iris (Bush), Red Lily (Bush), Blue Dragon (Himalayan)
- Räume reinigen: Crystal Clear (Petal), Sagebrush (FES)
- Sabotage: Five Corners (Bush)
- Schock oder Trauma: Rescue Remedy (Bach), Emergency Essence (Bush), Vital Spark (Himalayan), First-Aid (Findhorn)
- Selbstverachtung: Billy Goat Plum (Bush), Crab Apple (Bach)
- Selbstwertgefühl, geringes: Confid Essence (Bush)
- Übersinnlicher Schutz: Fringed Violet (Bush), Angelsword (Bush), Sage (FES), Yarrow (Harebell, Alaskan, FES), St. John's Wort (Harebell, FES), Vanadinite (Gem), Mountain Pennyroyal (FES), Garlic (FES), Red Clover (FES), Auric Protection (Gem), Aura Cleaning (Himalayan), Crystal Clear fürs Bad (Petal)
- Vergangenheit, Haften an der: Sunshine Wattle (Bush)
- Vergebung: Dagger Hakea (Bush)
- Vergiftung, spirituelle: Chaparral (FES)
- Visualisieren: Let Go (Himalayan), Boronia (Bush), Bush Iris (Bush)

Für Gruppen:

- Aura-Schutz: Second Aid Auric Protection
- Belästigung durch Gefühle anderer: Yarrow (Harebell, Alaskan, FES)
- Entfremdung: Tall Yellow Top (Bush)
- Führerschaft, selbstlose: Larkspur (FES)
- Harmonie in der Gruppe fördern: Quaking Grass (FES)
- Individualität, Erhaltung der: Golden Rod (FES)
- Räume reinigen: Chrystal Clear (Petal)
- Reizbarkeit: Walnut (Bach)
- Schüchternheit: Mimulus (Bach)
- Vertrauen entwickeln: Violet (FES)

Für die Chakras:

- Harmonisierung und Reinigung: Herkimer Diamond (Gem), Chakra Tonic Formula (Himalayan), Lotos (FES), Bush Iris (Bush), Red Lily (Bush) und die Serie Second Aid

- Himalayan Flower Enhancers bietet sieben Chakra-Essenzen an:
  Wurzel-Chakra: Down to Earth
  Nabel-Chakra: Well-being
  Solarplexus: Strength
  Herz-Chakra: Ecstasy
  Kehlkopf-Chakra: Authenticity
  Drittes Auge: Clarity
  Kronen-Chakra: Flight

Schützende Kristalle

Um einen Kristall mit Ihren Schwingungen zu laden, halten Sie ihn eine Weile in den Händen und bitten darum, daß er seine Aufgabe erfüllen möge. Tragen Sie den Kristall, oder legen Sie ihn an einen geeigneten Platz.

- Agat: harmonisiert Körper, Seele und Geist
- Amethyst: bietet umfassenden Schutz
- Aquamarin: lindert Angst und Phobien
- Azurit: reinigt und heilt, fördert Hellsicht, öffnet das Kehlkopf-Chakra und das Dritte Auge
- Bernstein: reinigt, absorbiert negative Energie, reinigt die Atmosphäre von negativen Schwingungen
- Chrysolith: heilt den Heiler, beruhigt, verhütet Erschöpfung
- Feuerstein: gibt Selbstvertrauen und schützt
- Fluorit: schützt feinstofflich, erleichtert Astralreisen, bringt Einheit
- Gagat: schirmt vor negativen Gedanken ab
- Hämatit: erdet, fördert die Konzentration und das gegenseitige Vertrauen
- Jaspis: führt zu tiefer Ruhe und Entspannung
- Karneol: erdet Energie, fördert die Konzentration, schützt
- Lapislazuli: heilt seelisch und geistig, entfernt unbewußte Blockaden durch das Dritte Auge
- Malachit: entfernt negative Energie aus dem Selbst, reinigt den Solarplexus
- Milchquarz: erreicht das Unterbewußtsein
- Moldawit: öffnet die höheren Chakras
- Rauchquarz: erdet, leitet Energie vom Kronen- ins Wurzel-Chakra, löst negative Muster auf
- Rosa Quarz: öffnet das Herz-Chakra, bringt universelle Liebe
- Schwarze Jade: schützt vor negativer Energie, fördert die kluge Anwendung von Macht
- Schwarzer Hämatit (Blutstein): beseitigt emotionale und körperliche Blockaden, reinigt Energie und den Ätherkörper
- Schwarzer Obsidian: absorbiert negative Energie, bringt verdrängte Ängste ans Licht, unterstützt die Transformation

- Schwarzer Turmalin: reflektiert negative und feinstoffliche Energie, erdet
- Sodalith: weckt das Dritte Auge, beseitigt seelische Muster
- Tigerauge: schützt und macht innere Energie zugänglich
- Türkis: schützt und fördert das positive Denken und die Einheit
- Turmalin: baut einen Schutzschild auf
- Zölestin: stellt den Kontakt zum Schutzengel her

empfehlenswerte Bücher:

Anita Bind-Klinger *Heilung durch Harmonie*
Amanda Cochrane-Clare G. Harvey *Die Enzyklopädie der Blütenessenzen*
Michael Katz *Die Hüter der Edelsteine*
Michael Katz *Die Hüter der Edelsteine - Arbeitsbuch 1*
Renate Sperling *Vom Wesen der Edelsteine*
(alle Titel sind im Aquamarin Verlag erschienen)

Aromatherapie

Aromatische Öle stärken die spirituelle Bewußtheit, fördern die Entspannung, reinigen und öffnen die Chakras und schenken uns ein Gefühl des Wohlbefindens. Ätherische Öle sind hochkonzentriert und sollten vor Gebrauch mit Trägeröl oder Wasser verdünnt werden, je nach Anwendung. Man kann sie auch mit einem speziellen Ölbrenner, einem Lampenring oder einem Spray im Raum verteilen. Ein paar Tropfen im Badewasser fördern das seelische Wohlbefinden und beseitigen giftige emotionale Zustände (lassen Sie sich aber von einem Fachmann beraten).

- Angelika: integriert die verschiedenen Ebenen des Seins, fördert die Meditation und den Kontakt mit den engelhaften Ebenen
- Benzoe: harmonisiert das Wurzel- und das Kronen-Chakra, beseitigt negative Energie in der Aura und in der Umgebung
- Eukalyptus: beseitigt negative Energie in der Aura und in der Umgebung
- Jasmin: öffnet das Nabel-, Herz- und Kronen-Chakra
- Kamille: fördert den inneren Frieden
- Kiefer: beseitigt negative Energie in der Aura und in der Umgebung
- Lavendel: öffnet das Kronen-Chakra und den Zugang zur inneren Führung, beseitigt negative Energie, leistet erste feinstoffliche Hilfe
- Majoran: beruhigt den Geist und die Emotionen, verringert übersinnliche Sensitivität und verhindert dadurch »Überladung«
- Myrrhe: öffnet das Dritte Auge und das Kronen-Chakra, stärkt das Wurzel-Chakra, erleichtert tiefe Meditationen, lindert Furcht
- Neroli: öffnet das Herz, fördert die Kreativität, absorbiert und transformiert negative Emotionen, lindert Furcht und Schock
- Patschuli: verbindet uns mit der Erde und zeigt uns unsere Mitte, stärkt das Wurzel- und das Nabel-Chakra
- Pfefferminze: beseitigt negative Energie in der Aura und in der Umgebung, lindert Hysterie und Schock
- Rosenholz: fördert die Meditation
- Rosmarin: öffnet das Dritte Auge
- Salbei: harmonisiert Seele und Emotionen

- Sandelholz: öffnet das Wurzel-, Nabel-, Herz- und Kronen-Chakra, verbindet uns mit dem Geist, beruhigt, fördert die tiefe Meditation
- Vetiver: öffnet das Wurzel-Chakra, erdet und unterstützt uns in der materiellen Welt, beruhigt
- Wacholder: beseitigt negative Energie in der Aura und in der Umgebung
- Weihrauch: gibt Glauben und Inspiration, harmonisiert das Kronen- und das Wurzel-Chakra, weckt die Intuition und die innere Führung, beruhigt und lindert Alpträume
- Zedernholz: fördert die Verbindung mit dem Geist und erdet
- Zitrone: stärkt die Vitalität, bringt geistige Klarheit

empfehlenswerte Bücher:

Marcel Lavabre *Mit Düften heilen*, Bauer Verlag, Freiburg
Jane Dye *Aromatherapie für Mutter und Kind*, Ariston Verlag, Zürich

Soforthilfe

Es wird immer wieder vorkommen, daß Sie einen Energieschub benötigen, einerlei, wie gut Sie sich schützen können. Manche Situationen und manche Menschen erfordern besondere Maßnahmen. Wenn Sie sich rechtzeitig darauf vorbereiten, handeln Sie bei Bedarf automatisch und schnell. Manche Maßnahmen sind physischer Art, die meisten jedoch einfache Visualisationen. Denken Sie daran: Furcht vergrößert die Gefahr; darum müssen wir Furcht überwinden.

Angriffe abwehren

- Setzen Sie den Rand der Aura »unter Strom«.
- Stellen Sie im Geiste einen Spiegel vor den Angreifer.
- Tragen Sie einen schwarzen Turmalin.
- Sperren Sie den Angreifer in ein Marmeladenglas.
- Gehen Sie in Ihre grüne Pyramide.
- Lachen Sie.
- Nehmen Sie Pennyroyal.
- Wenn alle Stricke reißen, visualisieren Sie einen Rottweiler oder rufen Sie Sekhmet (vergessen Sie nicht, das Bild später aufzulösen).

Astralreisen

- Verankern Sie Ihre erdende Schnur tief im Boden. Ziehen Sie sich bei Bedarf daran zurück.
- Denken Sie sich zurück.
- Bewegen Sie den physischen Körper.
- Nehmen Sie die Essenzen Sundew oder Crowea.
- Tragen Sie einen Fluorit-Kristall bei sich.

Aura-Schutz

- Nehmen Sie Auric Protection Essence.

Autos schützen

- Visualisieren Sie ein Pentagramm über dem Auto.

- Bitten Sie Merkur um Erlaubnis, die Straßen zu benutzen.
- Hüllen Sie das Auto in dunkles Licht.

»Dunkle Nacht der Seele«

- Nehmen Sie stündlich die Essenz Warratah.

Dunkle oder gefährliche Orte

- Verbergen Sie Ihr Licht hinter einem schwarzen Schleier.
- Rufen Sie Ihren Schutzengel oder Ihr Schutztier.
- Tragen Sie ein geistiges Schwert des Schutzes.
- Bekreuzigen Sie sich.

Eklige Dinge angefaßt?

- Waschen Sie sich die Hände.
- Duschen Sie.
- Visualisieren Sie eine Lichtdusche.
- Versprühen Sie Crystal Clear.
- Tragen Sie ein Stück Bernstein bei sich.

Gedankenformen auflösen

- Benutzen Sie Ihren geistigen Laser.
- Versprühen Sie Crystal Clear.

Geistererscheinungen

- Versprühen Sie Crystal Clear.
- Visualisieren Sie Licht und Liebe, die den Ort durchdringen und den »Geist« auflösen.
- Räuchern Sie das Zimmer.

Luftreinigung

- Versprühen Sie Crystal Clear.
- Räuchern Sie den Raum.
- Verbrennen Sie eine Räucherkerze.
- Benutzen Sie eine tibetische Klangschale oder Symbole.
- Benutzen Sie Bernstein oder Hämatit.

Negative Schwingungen und Emotionen

- Falten Sie die Arme über dem Solarplexus, kreuzen Sie die Knöchel.

- Halten Sie einen Schild oder Spiegel vor sich (echt oder visualisiert).
- Springen Sie in eine glänzende, neue Mülltonne, und schließen Sie den Deckel.
- Tragen Sie einen schwarzen Obsidian in der Tasche.
- Spielen Sie geeignete Musik.
- Duschen Sie.
- Beräuchern Sie sich mit Beifuß.
- Kristallisieren Sie die Aura.
- Konzentrieren Sie sich auf etwas Angenehmes.
- Gehen Sie in Ihre grüne Pyramide.
- Nehmen Sie Auric Protection Essence oder Yarrow.
- Tragen Sie einen Kristall bei sich.

Schock oder Trauma
- Nehmen Sie Rescue Remedy oder Emergency Essence

Übersinnlicher Vampirismus
- Kreuzen Sie die Arme und die Knöchel.
- Durchtrennen Sie die Verbindung mit einem geistigen Laser.
- Tragen Sie ein Kreuz.
- Tragen Sie Knoblauch bei sich.
- Stärken Sie die Aura.

Unerwünschtes Channelling
- Bedecken Sie das Kronen-Chakra.
- Schließen sie alle Chakras.
- Nehmen Sie die Essenz Fringed Violet.

Verirrten Seelen helfen
- Führen Sie die Seele im Geiste zu Helfern auf der anderen Seite.
- Raten Sie der Seele, nach dem Licht zu streben.
- Nehmen Sie die Essenz Red Clover.
- Rufen Sie einen Fachmann zu Hilfe.

Empfehlungen, die Sie beherzigen sollten

- Halten Sie Ihren Schutz immer aufrecht, es sei denn, Sie sind völlig sicher.
- Finden Sie heraus, wer Ihr Führer, Wächter und Türhüter ist.
- Erkennen Sie sich selbst.
- Denken Sie daran: Drogen, Alkohol und spirituelle Arbeit passen nicht zusammen.
- Arbeiten Sie nur dann spirituell, wenn Sie körperlich, seelisch und geistig gesund sind.
- Kehren Sie immer vollständig in Ihren Körper und in die Gegenwart zurück, wenn Sie meditiert oder als Heiler, Channelling-Medium usw. gearbeitet haben.
- Denken Sie daran, daß Gleiches von Gleichem angezogen wird, und arbeiten Sie auf der höchsten Schwingungsebene und mit dem besten Motiv.
- Meditieren Sie nicht an einem Ort oder in Gegenwart von Leuten mit negativen Schwingungen.
- Wählen Sie Ihre Gruppe sorgfältig aus, und denken Sie daran, daß eine Gruppe nur so gut ist wie das schwächste Mitglied.
- Befassen Sie sich nicht mit Dingen, die Sie nicht voll und ganz verstehen.

Visualisationen

Dunkles Licht als Schutz

Konzentrieren Sie sich auf den Rand der Aura. Ziehen Sie die Aura zu sich heran. Hüllen Sie sich in einen Mantel aus dunklem Licht, damit Ihr inneres Licht geschützt ist und für andere unsichtbar bleibt. Denken Sie daran, den Mantel abzulegen, sobald Sie wieder sicher sind.
Sie können diese Übung auch benutzen, um Ihr Auto zu schützen, wenn Sie es an einem dunklen Ort zurücklassen.

Energie-Übung

Legen Sie sich aufs Bett, und atmen Sie tief. Konzentrieren Sie sich mit jedem Atemzug auf einen Punkt unmittelbar unterhalb des Nabels. Leiten Sie beim Einatmen Energie in diesen Punkt, und lassen Sie sie dort zurück, wenn Sie ausatmen. Der Punkt fühlt sich allmählich warm und energiegeladen an. Atmen Sie so lange Energie ein, bis Sie spüren, daß Sie wieder kraftvoll und dynamisch sind.

Furcht überwinden

Visualisieren Sie Ihre Furcht als kleines Pelztier, das sich nach Liebe sehnt. Akzeptieren Sie seine Bedürfnisse. Streicheln Sie es, bringen Sie es an einem sicheren Ort unter, und sehen Sie gelegentlich nach ihm.

Wenn Ihnen das Visualisieren schwer fällt, benutzen Sie ein Stofftier als Symbol Ihrer Furcht.

Führung

Visualisieren Sie eine Wiese oder einen anderen Ort, der Ihnen gefällt. Gehen Sie zu einem Haus, oder steigen Sie einen Hügel hinauf. Wenn Sie die Tür öffnen, erwartet Ihr Wächter Sie bereits. Nehmen Sie sich Zeit, ihn kennenzulernen. Seien Sie nicht überrascht, wenn Ihr Führer ein Tier oder Vogel ist und dennoch mit Ihnen spricht.
Wenn Sie bereit sind zu gehen, bitten Sie Ihren Führer, Sie zurück zum

Ausgangspunkt zu begleiten. Verlassen Sie das Haus, und schließen Sie die Tür. Gehen Sie durch die Wiese. Bitten Sie Ihren Führer, Ihnen zu helfen, wann immer Sie ihn rufen, und konzentrieren Sie sich dann wieder auf das Zimmer. Achten Sie darauf, daß Ihre erdende Schnur tief im Boden verankert ist und Ihr Schutzmantel Sie einhüllt.
Rufen Sie Ihren Wächter einige Male herbei, bevor Sie ihn wirklich brauchen.

Grundübung zum Entspannen

Legen oder setzen Sie sich bequem hin. Atmen Sie ruhig und gleichmäßig.

Heben und senken Sie die Augenlider langsam zehnmal. Beim zehnten Mal lassen Sie die Augen geschlossen. Spüren Sie, wie sanft die Lider die Augen bedecken. Diese Sanftheit breitet sich über das Gesicht und die Stirn bis in die Kopfhaut aus. Heben Sie die Augenbrauen, und lassen Sie sie dann entspannt ruhen. Allmählich breitet die Entspannung sich zu den Wangen und Kiefern aus. Wenn nötig, pressen Sie die Kiefer aufeinander, spüren Sie die Spannung, und lockern Sie dann die Muskeln. Spüren Sie, wie die Entspannung sich zu den Augen und zum Hinterkopf ausbreitet. Heben Sie den Kopf, und senken Sie ihn dann völlig entspannt. Nacken und Kopf sind jetzt ganz locker.

Heben und senken Sie die Schultern. Spüren Sie, wie sie sich entspannen. Seufzen Sie tief, und entspannen Sie die Kehle. Die Entspannung breitet sich in der Brust aus. Seufzen Sie noch einmal. Lösen Sie beim Ausatmen alle Verspannungen, die möglicherweise übriggeblieben sind. Spüren Sie die Entspannung, wenn Sie einatmen. Leiten Sie sie auch zum Solarplexus. Der Oberkörper ist nun vollkommen entspannt.

Der ganze Körper ist locker und entspannt. Sie empfinden Leichtigkeit, Harmonie und Frieden. Genießen Sie diesen wundervollen Zustand.

Wenn Sie bereit sind, stehen Sie auf und gehen Sie hin und her. Stampfen Sie mit den Füßen, um den Kontakt zur Erde wiederherzustellen.

Kontakt mit der Erde

Stehen Sie mit beiden Füßen fest auf dem Boden. Die Beine sind ein wenig gespreizt und wenn nötig etwas gebeugt. Konzentrieren Sie sich auf Ihr Erd-Chakra unter den Füßen. Atmen Sie ein, und seien Sie sich dabei Ihrer Verbindung mit der Erde voll bewußt. Spüren Sie, wie Ihr Atem jeden Teil des physischen Körpers durchströmt und sich tief im Bauch sammelt. Richten Sie Ihre Aufmerksamkeit beim Ausatmen auf den Bauch und auf die Erde unter den Füßen. Leiten Sie bewußt Energie in den Unterleib. Stellen Sie sich vor, Sie haben Wurzeln, die von den

Füßen bis tief in die Erde reichen. Atmen Sie weiter! Wiederholen Sie die Übung so lange, bis Sie völlige Harmonie mit dem physischen Körper empfinden.

Sie können diese Übung auch benutzen, um negative Energie in die Erde zu leiten, damit sie dort umgewandelt wird.

Eine Alternative:
Visualisieren Sie sich selbst als glänzend orangefarbene Mohrrübe in der Erde. Nur Ihre federartigen Blätter ragen daraus hervor. Spüren Sie, wie die Erde die Mohrrübe nährt, spüren Sie die Wärme des Bodens. Spüren Sie, wie die Blätter sich im lauen Wind bewegen, wie Nährstoffe aus der Erde in die Wurzel steigen und ihr Energie und Leben bringen. Spüren Sie die Dynamik des hellen Orange. Genießen Sie das Gefühl, geerdet zu sein.

Lichtdusche

Visualisieren Sie eine Dusche, die Sie mit Licht überschüttet. Das Licht reinigt Sie und gibt Ihnen Energie; es spült alles fort, was Sie absorbiert haben und loswerden wollen, und es stärkt auch die Aura.

Mumie

Stellen Sie sich vor, Sie stehen in einem kühlen, schattigen Tempelraum. In der Hand halten Sie eine köstlich duftende Bandage, eine große Rolle. Beginnen Sie an den Füßen, und wickeln Sie die Bandage um den ganzen Körper, bis Sie aussehen wie eine ägyptische Mumie. Achten Sie darauf, daß auch der Kopf umhüllt ist. Augen, Nase und Mund dürfen Sie freilassen, wenn Sie wollen. Schützen Sie diese Stellen aber mit Licht oder mit Symbolen.

Sie können sich auch einen ägyptischen Priester vorstellen, der Sie bandagiert.

Lassen Sie die Bandage unberührt, wenn Sie Ihre Aufmerksamkeit wieder dem Zimmer zuwenden.

Wenn die Umstände es erfordern, können Sie sich auch mit einer Bandage aus Licht oder Blei schützen.

Schatten

Stellen Sie sich vor, Sie stehen auf einem Platz, auf dem Sie sich sicher und geschützt fühlen. In einiger Entfernung sehen Sie eine Grube. Eine Leiter führt hinab.

Fürchten Sie sich nicht. Steigen Sie hinunter. In der Grube finden Sie Ihren Schatten. Umarmen Sie ihn.

Machen Sie sich mit Ihrem Schatten bekannt. Fragen Sie ihn, was er Ihnen zu geben hat. Sie werden vielleicht überrascht darüber sein, was er bisher vor Ihnen verborgen hat.

Wenn es Zeit ist zu gehen, nehmen Sie die Geschenke und klettern Sie die Leiter hinauf. Danken Sie Ihrem Schatten, und vereinbaren Sie ein weiteres Gespräch.

Wenn Sie Ihren Ausgangspunkt erreicht haben, atmen Sie ein wenig tiefer und richten Ihre Aufmerksamkeit wieder auf das Zimmer. Überprüfen Sie Ihre erdende Schnur und Ihren Schutzmantel. Stehen Sie auf, und gehen Sie umher. Vergessen Sie Ihre Geschenke nicht.

Seelische Reinigung

Setzen Sie sich in einen bequemen Sessel, und entspannen Sie sich. Stellen Sie sich vor, Sie stehen an einem warmen, sonnigen Tag in einer Wiese. Spüren Sie das Gras unter den Füßen und die warme Sonne im Gesicht. Eine sanfte Brise sorgt für angenehme Kühlung. Bitten Sie darum, an den richtigen Platz geführt zu werden. Sie brauchen ein Feuer und vielleicht einen Fluß.

Bitten Sie darum, daß Ihnen symbolisch die ganze Last gezeigt wird, die Sie mit sich herumschleppen, obwohl Sie sie nicht mehr benötigen. Werfen Sie alle Einzelteile auf einen großen Haufen. Denken Sie daran, auch im Körper, unter Steinen und an anderen versteckten Stellen nachzusehen. Laden Sie alle Ihre Ängste und überflüssigen Phantasien ab - alles, was Sie behindert und verletzlich macht.

Sehen Sie, wieviel Müll Sie herumgetragen haben? Er stammt aus Ihrem physischen Körper und aus der Aura. Jetzt fühlen Sie sich viel leichter. Wenn Sie einen kalten Wind spüren, der durch »Löcher« bläst, kümmern Sie sich zunächst nicht darum.

Werfen Sie nun den gesamten Müll ins Feuer, damit die Flammen ihn transformieren und Ihre schöpferische und spirituelle Energie freisetzen. Wenn nötig, lösen Sie den Müll in einem schnell fließenden Gewässer auf. Wenn Sie ein lebendes Wesen sehen, das Sie nicht verbrennen wollen, setzen Sie es in eine Ballongondel und lassen Sie den Ballon steigen und abtreiben. Genießen Sie das Gefühl der Befreiung.

Wenn Sie fertig sind, gehen Sie möglichst nahe ans Feuer heran. Die reinigende Energie fließt in Sie zurück und heilt alle Wunden, die beim Entfernen des Mülls entstanden sein mögen. Nehmen Sie die Energie in sich auf, und gehen Sie, wenn möglich, ins Feuer, damit Sie wie ein Phönix neu geboren werden.

Jetzt spüren Sie deutlich, daß Sie rein und leicht sind und über neue Kraft verfügen. Energie durchströmt Sie, und viele neue Möglichkeiten eröffnen sich Ihnen.

Wenn Sie bereit sind, wenden Sie Ihre Aufmerksamkeit wieder dem Zimmer zu. Ihr Körper ist viel leichter und freier. Achten Sie darauf, daß Sie Ihren Schutzmantel tragen. Öffnen Sie dann die Augen.

Vereinigung der Elemente

Stellen Sie sich vor, Sie stehen in einer Wiese vor einem starken alten Baum. Gehen Sie zu ihm, und umarmen Sie ihn.

Lassen Sie Ihr Selbst langsam mit dem Baum verschmelzen. Spüren Sie seine Kraft, seine lebendige Energie. Lassen Sie Ihr Bewußtsein hinunter in die Wurzeln fließen. Spüren Sie, wie die Erde sie nährt, wie Wasser in die kleinsten Wurzelhaare dringt und dann emporsteigt. Spüren Sie die Wärme und Güte der Erde. Lassen Sie Ihr Bewußtsein in die Erde fließen, begegnen Sie den Wesen, die dort leben, spüren Sie die Hitze in der Mitte der Erde. Nehmen Sie ihre Energie auf.

Wenn Sie bereit sind, lassen Sie sich mit dem Saft hinauf zu den Ästen tragen. Spüren Sie, wie der sanfte Wind mit den Blättern spielt und wie die Zweige sich bewegen. Spüren Sie die warme Sonne, die Quelle, von welcher der Baum lebt.

Verlassen Sie nun den Baum. Regen fällt herab und reinigt Sie. Vor Ihnen befindet sich ein Tümpel. Steigen Sie hinein, und lassen Sie sich treiben, während der Regen strömt. Verschmelzen Sie mit dem Wasser, spüren Sie die Strömungen, die sanften Wellen, seine verborgene Energie.

Die Sonne bricht durch, und Sie steigen aus dem Tümpel. Bald sind Sie trocken. Laufen Sie im Sonnenschein umher, und nehmen sie Licht und belebende Energie auf.

Plötzlich steht ein Regenbogen vor Ihnen. Er endet an Ihren Füßen. Gehen Sie in ihn hinein und tauchen Sie der Reihe nach in seine Farben: rot, orange, gelb, grün, blau, violett, indigo, purpur. Bleiben Sie im Regenbogen, so lange es Ihnen gefällt, verschmelzen Sie mit ihm. Er zieht Sie hinauf zum Himmel. Ihr Kopf berührt die Wolken, die Füße stehen auf der Erde. Strecken Sie sich, greifen Sie nach dem Gipfel des Regenbogens, und ziehen Sie sich hinauf. Rutschen Sie über den Gipfel und auf der anderen Seite hinunter. Sie spüren, wie die Luft rauscht - ein herrliches Gefühl.

Setzen Sie die Füße wieder auf den Boden, und verankern Sie Ihre erdende Schnur. Wenden Sie Ihre Aufmerksamkeit wieder dem Zimmer zu.

Wasserfall

Stellen Sie sich vor, Sie gehen am Ufer eines schnell fließenden Baches durch ein weites Tal. Sie gehen stromaufwärts, und bald werden die Felswände höher und rücken näher an den Bach heran. Vor Ihnen rauscht ein Wasserfall.

Das Tal weitet sich ein wenig und macht einem ruhigen Teich Platz, in den der Wasserfall sich ergießt. In der Luft über ihm glitzern Regenbögen.

Sie gehen um den Teich herum und unter den Wasserfall. Dort ist ein Felsvorsprung, auf dem Sie stehen können, während der Wasserfall Sie umspült. Er spült alle Verspannungen, allen emotionalen Müll, alle seelischen Gifte fort. Bleiben Sie so lange unter ihm stehen, wie es nötig ist.

Springen Sie dann in den Teich, und schwimmen Sie im ruhigen Wasser. Danach klettern Sie ans Ufer und lassen sich von der Sonne trocknen.

Wenn Sie bereit sind zu gehen, finden Sie neue Kleider am Ufer. Ziehen Sie sie an, und gehen Sie zurück zum Ausgangspunkt. Wenden Sie Ihre Aufmerksamkeit langsam dem Zimmer zu. Prüfen Sie, ob Ihre erdende Schnur und Ihr Schutzmantel in Ordnung sind. Stehen Sie auf, und gehen Sie umher.

Nützliche Anschriften

Spirituelle Beratung,
Kurse zur Persönlichkeitsentwicklung

The College of Psychic Studies
16 Queensberry Place - GB-London SW7 2EB

Geoff Boltwood - The Tareth Centre
5 Market Place - GB-Glastonbury - Somerset

Lieferanten von Blütenessenzen

Australien Bush Flower Essences
8a Oaks Avenue - Dee Why
NSW 2099 - Australien

Chrüter-Drogerie-Egger
Unterstadt 28 - CH-8200 Schaffhausen

Lebensfreundliche Produkte
Laredo Verlag - Herbert Thelesklaf
Sonnenstr. 1 - D-83339 Chieming

Petal Tone Essences - David Eastoe
Little Lynch - 6 Behind Berry
GB-Somerton - Somerset TA11 7PD

Findhorn Flower Essences
»Mercury«
Findhorn
GB-Forres IV36 0TY, Schottland
(liefert viele Essenzen)

Flower and Gem Remedy Association
Suite 1 - Castle Farm -Clifton Road
GB-Deddington - Oxon OX15 0TP
(liefert viele Essenzen)

Second Aid Essences -2 Blackheath Lane
Wonersh - GB-Guildford - Surrey GU5 0PN

Harebell Remedies - Monybluie
Corsock - GB-Castle Douglas
Kirkcudbrightshire DG7 3DY

Himalayan Flower Enhancers
Bundaleer - Lot 100 Dromedary Trail
Tilba Tilba, NSW 2546 - Australien

Alaskan Flower Essence Project
PO Box 1329 - Homer, AL 99603 - USA

Flower Essence Services
Box 459 - Nevada City
CA 95959 - USA

Desert Alchemy
PO Box 44189 - Tucson
AZ 85733 - USA

Therapeuten:
The International Federation for Vibrational Medicine
Suite 1 - Castle Farm - Clifton Road
GB-Deddington - Oxon OX15 0TP

Chakra-Arbeit:
Jacques Suijkerbuijk
Eggerfeld 53 - D-85560 Ebersberg